Da Oração

Dados Internacionais de Catalogação na Publicação (CIP)
(Câmara Brasileira do Livro, SP, Brasil)

Cassiano, João
  Da oração / João Cassiano ; tradução do latim de Adriano Correia Barbosa ; introdução de Lino Correia Marques de Miranda Moreira. 2. ed. Petrópolis, RJ : Vozes, 2008. – (Série Clássicos da Espiritualidade)

  6ª reimpressão, 2025.

  ISBN 978-85-326-3624-9

  1. Espiritualidade 2. Exercícios de devoção 3. Oração 4. Teologia mística I. Moreira, Lino Correia Marques de Miranda. II. Título. III. Série.

07-10511   CDD-248.32

Índices para catálogo sistemático:
1. Oração : Cristianismo   248.32

Da Oração

João Cassiano

Tradução de
Adriano Correia Barbosa, O.S.B.

Introdução de
Lino Correia Marques de Miranda Moreira, O.S.B.

EDITORA
VOZES

Petrópolis

desta tradução
© 2008, Editora Vozes Ltda.
Rua Frei Luís, 100
25689-900 Petrópolis, RJ, Brasil
www.vozes.com.br

Todos os direitos reservados. Nenhuma parte desta obra poderá ser reproduzida ou transmitida por qualquer forma e/ou quaisquer meios (eletrônico ou mecânico, incluindo fotocópia e gravação) ou arquivada em qualquer sistema ou banco de dados sem permissão escrita da editora.

CONSELHO EDITORIAL

Diretor
Volney J. Berkenbrock

Editores
Aline dos Santos Carneiro
Edrian Josué Pasini
Marilac Loraine Oleniki
Welder Lancieri Marchini

Conselheiros
Elói Dionísio Piva
Francisco Morás
Teobaldo Heidemann
Thiago Alexandre Hayakawa

Secretário executivo
Leonardo A.R.T. dos Santos

PRODUÇÃO EDITORIAL

Anna Catharina Miranda
Eric Parrot
Jailson Scota
Marcelo Telles
Mirela de Oliveira
Natália França
Priscilla A.F. Alves
Rafael de Oliveira
Samuel Rezende
Verônica M. Guedes

Editoração: Maria da Conceição Borba de Sousa
Revisão gráfica: Fernando S.O. da Rocha / Nivaldo S. Menezes
Diagramação: AG.SR Desenv. gráfico
Capa: Juliana Hannickel
Ilustração de capa: Cláudio Pastro

ISBN 978-85-326-3624-9

Este livro foi composto e impresso pela Editora Vozes Ltda.

Sumário

Introdução, 9

Colação primeira do Abade Isaac: Da oração, 13

I – Introdução, 15

II – Palavras do Abade Isaac sobre a qualidade da oração, 16

III – Como tornar-se pura e sincera a oração, 18

IV – Da mobilidade da alma comparada a uma pena ou a uma pequena asa, 20

V – Das causas do peso ou gravidade da alma, 21

VI – Da visão que um ancião teve a respeito do trabalho febril de um irmão, 23

VII – Interpelação acerca do fato de ser mais difícil conservar os bons pensamentos do que suscitá-los, 25

VIII – Resposta acerca das diferentes formas de orações, 27

IX – Das quatro espécies de oração, 29

X – Acerca da ordem das diferentes espécies de orações, 30

XI – Da obsecração, 31

XII – Da promessa, 32

XIII – Da súplica, 33

XIV – Da ação de graças, 34

XV – Se as quatro espécies de oração são necessárias a todos e simultaneamente, ou se isolada e sucessivamente a cada um, 35

XVI – Para que espécies de orações devemos tender, 37

XVII – Das quatro espécies de oração iniciadas pelo Senhor, 38

XVIII – Da oração dominical, 40

XIX – Sobre as palavras: "Venha a nós o vosso reino", 43

XX – Sobre as palavras: "Seja feita a vossa vontade", 44

XXI – Do pão supersubstancial ou quotidiano, 45

XXII – Sobre as palavras: "Perdoai-nos as nossas ofensas etc.", 46

XXIII – Sobre as palavras: "Não nos induzais em tentação", 48

XXIV – Que se não deve pedir outras coisas, senão o que se contém na oração dominical, 49

XXV – Da natureza de uma oração mais sublime, 50

XXVI – Das diversas causas da compunção, 51

XXVII – Das diferentes formas de compunção, 52

XXVIII – Interpelação acerca do fato de o dom das lágrimas não estar em nosso poder, 53

XXIX – Resposta acerca da diversidade da compunção que leva às lágrimas, 54

XXX – De que se não deve provocar as lágrimas, quando não surgem espontâneas, 56

XXXI – Sentença do Abade Antão sobre a natureza da oração, 57

XXXII – Do sinal de se ser ouvido, 58

XXXIII – Objeção, porque a mencionada confiança de se ser atendido é própria somente dos santos, 59

XXXIV – Resposta acerca das diferentes causas do bom acolhimento das nossas orações, 60

XXXV – Da oração que se deve fazer no quarto e de porta fechada, 65

XXXVI – Da vantagem da oração breve e silenciosa, 66

Colação segunda do Abade Isaac: Da oração, 69

I – Introdução, 71

II – Do costume existente no Egito acerca do anúncio da Páscoa, 72

III – Do Abade Sarapião e da heresia do antropomorfismo em que ele caiu devido à sua simplicidade, 74

IV – Do nosso retorno à presença do Abade Isaac e da investigação do erro em que caiu o referido ancião, 76

V – Resposta acerca da origem da heresia acima mencionada, 77

VI – Por que motivos Jesus Cristo se manifesta a cada um de nós ou humilde ou glorioso, 79

VII – Em que consiste o nosso fim ou a perfeita bem-aventurança, 81

VIII – Interpelação sobre a disciplina da perfeição, através da qual podemos chegar à contínua lembrança de Deus, 83

IX – Resposta acerca da eficácia do conhecimento adquirido pela experiência, 86

X – Acerca do método da oração contínua, 88

XI – Da perfeição da oração, à qual conduz o método mencionado, 94

XII – Pergunta: Como se conservam imutáveis os pensamentos espirituais?, 98

XIII – Acerca da mobilidade dos pensamentos, 99

XIV – Resposta: Como se adquire a estabilidade do coração ou dos pensamentos, 101

Referências, 103

Introdução

O presente livrinho contém as Colações IX e X *de João Cassiano, que se podem ler como um tratado completo e independente sobre oração. O leitor tem, pois, entre mãos dois textos complementares, que constituem uma verdadeira arte de orar, escrita por um dos maiores mestres espirituais da Igreja latina.*

Para com mais facilidade se poderem situar no seu contexto os textos que se seguem, deixo aqui alguns dados fundamentais sobre a vida e obra de Cassiano.

I – Vida

João Cassiano nasceu c. 360, provavelmente na Cítia Menor (atual Dobruja), próximo da foz do Danúbio. Filho de gente abastada e profundamente cristã, recebeu ótima educação e obteve excelente formação clássica.

Com cerca de dezoito anos de idade, partiu para a Palestina, acompanhado de seu amigo e compatriota Germano, e ambos ingressaram num mosteiro de Belém, situado perto da gruta da Natividade de Nosso Senhor. Ali se quedaram aproximadamente dois anos, até que decidiram partir para o Egito, o país de origem do monaquismo cristão.

Instalaram-se por um tempo em Panéfise, onde conheceram os monges a quem mais tarde Cassiano atribuiu os ensinamentos de sete das suas Colações: Queremão (cf. Colações XI, XII e XIII*), Nesteros (cf.* Colações XIV e XV*) e José (cf.* Colações XVI e XVII*).*

De Panéfise, os dois amigos dirigiram-se a Diolcos, onde Piamun os iniciou nos primeiros princípios da vida solitária (cf. Colação XVIII*). Em seguida partiram em busca dos ensinamentos de mais dois monges: João (cf. Colação XIX) e Pinúfius (cf. Colação XX).

Tendo-se instruído nos costumes monásticos do Egito, Cassiano e o seu companheiro foram a Belém, para se despedirem definitivamente dos seus primeiros mestres, e dali partiram para o deserto da Cítia, onde ingressaram na comunidade dirigida pelo Abade Pafnúcio. Enquanto viviam no deserto da Cítia, terão visitado outros centros monásticos, como a Nitria e Celas, e terão privado com os monges a quem é atribuída a doutrina das restantes Colações: Moisés (cf. Colações I e II), Pafnúcio (cf. Colação III), Daniel (cf. Colação IV), Sarapião (cf. Colação V), Teodoro (cf. Colação VI), Sereno (cf. Colações VII e VIII), Isaac (cf. Colações IX e X), Teonas (cf. Colações XXI, XXII e XXIII) e Abraão (cf. Colação XXIV).

Entretanto, na viragem do século IV para o V, o monaquismo egípcio atravessou uma grave crise, segundo nos informa o próprio Cassiano (cf. Colação X, 1-3). Efetivamente, todos os anos, imediatamente após a Festa da Epifania do Senhor, o Patriarca de Alexandria enviava uma carta a todo o território do Egito, anunciando a data do início da Quaresma e o dia da Festa da Páscoa. Na sua Carta Festal de 399, o Patriarca Teófilo incluía uma condenação do antropomorfismo, ou seja, a tendência herética de representar Deus com forma humana. A quase totalidade dos monges egípcios não aceitou tal condenação. Apoiaram-na, contudo, os seguidores de Evágrio Pôntico, que iniciara no país uma nova orientação monástica, cuja base principal era a teologia de Orígenes.

Fortemente pressionado, inclusive por São Jerônimo, que da sua gruta de Belém não se cansava de combater o origenismo, o Patriarca Teófilo mudou de opinião, e os monges evagrianos foram obrigados a fugir do Egito. Cassiano também se contava entre os seguidores de Evágrio, e tudo leva a crer que foi esse o motivo pelo qual também se evadiu do país c. 400, para se refugiar em Constantinopla, onde encontraram asilo muitos dos seus correligionários.

Em Constantinopla, Cassiano foi ordenado diácono por São João Crisóstomo. Este foi expulso da sua sede patriarcal em 404, e por essa altura Cassiano partiu para Roma, onde o defendeu junto do Papa Inocêncio I.

Ordenado presbítero em Roma ou em Antioquia, Cassiano desempenhou importantes funções de intermediário nas relações das Igrejas do Oriente com Roma.

Por volta de 415, Cassiano chegou à Provença e ali fundou dois mosteiros: um masculino – a Abadia de São Vítor – e outro feminino.

Entretanto, iniciou também a sua actividade literária, com vista a transmitir, devidamente adaptada aos monges e monjas do Ocidente, a doutrina espiritual que recebera dos seus mestres evagrianos.

Cassiano terminou os seus dias c. 435.

II – Obra

As duas obras principais de Cassiano são as Instituições cenobíticas *e as* Colações dos Padres.

As Instituições cenobíticas *versam sobre a disciplina exterior da vida monástica e contêm os primeiros elementos de doutrina espiritual que o monge deve assimilar para atingir a pureza de coração. Estão divididas em doze livros: os livros I a IV tratam do hábito monástico, do ofício divino e da maneira de viver dos que renunciam ao mundo; os livros V a XII tratam dos oito vícios capitais: a gula, a fornicação, a avareza, a ira, a tristeza, a acedia, a vanglória e o orgulho. (Esta catalogação dos vícios é a mesma que se encontra em Evágrio.)*

As Colações dos Padres *são uma série de vinte e quatro colóquios, em que monges célebres do Egito (os que foram nomeados acima) transmitem ensinamentos espirituais ao jovem Cassiano e ao seu companheiro Germano. Da* Colação I, *sobre o fim do monge, às* Colações IX e X, *sobre a oração, é-nos apresentado, de forma gradual, todo o itinerário espiritual do monge, que deve culminar na prática perfeita da oração contínua. As* Colações XI a XVII *comple-*

mentam e esclareçam a doutrina exposta nas conferências anteriores, e as Colações XVIII *a* XXIV *contêm os ensinamentos que se destinam de modo especial aos anacoretas, isto é, aos monges que levam vida solitária no deserto.*

A pedido de um seu amigo de Roma, o futuro Papa Leão Magno, Cassiano escreveu ainda o tratado Sobre a incarnação do Senhor, *para defesa da ortodoxia católica contra as heresias de Nestório, arcebispo de Constantinopla.*

Colação primeira do Abade Isaac
Da oração

~ I ~
Introdução

As conferências deste ancião que agora apresentaremos ao público, isto é, do Abade Isaac, darão cumprimento, com a ajuda do Senhor, ao que foi prometido, no segundo livro das **Instituições**, a respeito da oração incessante e contínua[1]. Com a exposição das mesmas, espero ter dado satisfação quer às ordens do Bispo Castor, de feliz memória, quer ao vosso desejo, ó bem-aventurado Bispo Leôncio e venerável Irmão Heládio[2], pedindo desde já desculpa pela dimensão da obra, a qual, embora nos tenhamos esforçado por usar na narração uma linguagem sucinta e até tenhamos passado em silêncio muitas coisas, resultou mais extensa do que aquilo que nos tínhamos proposto. De fato, tendo inicialmente o bem-aventurado Isaac feito uma eloquente dissertação acerca de diversos costumes, e que nós, por causa da brevidade, preferimos omitir, terminou com estas palavras:

---

1. *Instituições cenobíticas*, II, 9.
2. Castor foi bispo de Apt de 419 a 426. Cassiano dedicou-lhe a sua primeira obra: *Instituições cenobíticas*. Leôncio, irmão de Castor, foi bispo de Fréjus de 419 a 432/433; Heládio era anacoreta. A estes dois Cassiano dedicou as *Colações I* a *X*.

~ II ~
Palavras do Abade Isaac sobre a qualidade da oração

O fim de todo o monge, isto é, a perfeição de coração, tende para uma contínua e ininterrupta perseverança de oração e, quanto é dado à fragilidade humana, visa alcançar a inalterável tranquilidade de alma e a pureza perpétua, por causa da qual procuramos incansavelmente e exercitamos continuamente quer todo o trabalho corporal quer a contrição do coração. E existe entre uma e outra – entre a pureza de coração e a perseverança da oração – uma recíproca e indissolúvel ligação. Com efeito, assim como o edifício de todas as virtudes tem por objetivo a perfeição da oração, assim também, se tudo não for entravado e ligado pela abóbada da oração, nada poderá permanecer firme e estável. Pois, assim como sem as virtudes se não pode adquirir ou aperfeiçoar a constante e contínua tranquilidade de oração, de que falamos, assim também aquelas, que lhe servem de alicerce, sem a assiduidade desta, jamais chegarão à sua perfeição. E, por conseguinte, não poderemos, com uma súbita dissertação, tratar convenientemente da eficácia da oração e penetrar no seu fim principal – o qual só se obtém pela prática de todas as virtudes –, se primeiro não forem enumeradas por ordem e destrinçadas todas as coisas que, para a obtenção daquela, devem ser eliminadas ou preparadas, e, segundo o ensino da parábola evangélica (cf. Lc 14,28), se previamente não forem calculadas e diligentemente coligidas todas as coisas atinentes à construção daquela altíssima torre espiritual. Mas os materiais assim preparados de nada aproveitarão nem suportarão convenientemente as altas abóbadas da perfeição, a menos que, removido previamente todo o entulho dos vícios e desenterrado o cascalho movediço e morto das paixões, se lancem sobre a terra viva – como sói dizer-se – e sólida do nosso coração, ou antes sobre aquela rocha de que fala o Evangelho (cf. Lc 6,8), os firmíssimos alicerces da simplicidade e da humildade, nos quais se possa apoiar inabalavelmente e, confiante da própria firmeza, elevar-se para as alturas, esta torre a construir com a prática das virtudes espirituais. Com efeito, assente sobre tais alicerces, ainda que sobrevenha o dilúvio das paixões, ainda que contra ela batam, qual aríete, as violentas torrentes das perseguições, ainda que sobre ela irrompa e se abata a furiosa tempestade dos espíritos inimigos, não só não a vencerá a ruína, mas nem sequer o próprio embate a fará de qualquer modo estremecer.

III
Como tornar-se pura e sincera a oração

Para que a oração possa ser feita com o fervor e a pureza devidos, devem observar-se as seguintes coisas: em primeiro lugar, deve ser eliminada toda a inquietação pelas coisas carnais, de um modo geral; depois, não deve ser tolerada de modo algum já não digo a preocupação, mas até a recordação, de qualquer atividade ou litígio; as críticas, as palavras vãs, as tagarelices, as chocarrices devem ser também simplesmente banidas; as manifestações de cólera ou a perturbação da tristeza, antes de tudo o mais, devem ser totalmente arrancadas; a perniciosa acendalha da concupiscência carnal ou do apego ao dinheiro deve ser radicalmente extirpada. E assim totalmente eliminados e destruídos estes vícios e outros semelhantes – os quais podem até ser manifestos à observação dos homens –, e feita a tal prévia limpeza do entulho, de que falamos, a qual se realiza pela pureza da simplicidade e da inocência, devem ser lançados primeiramente os alicerces inabaláveis de uma profunda humildade, que naturalmente possam sustentar a torre que há de penetrar os céus; depois, deve ser colocado sobre eles o edifício espiritual das virtudes, e a alma deve ser impedida de toda a fuga e divagação leviana, para que assim, pouco a pouco, comece a elevar-se até à contemplação de Deus e até às intuições espirituais. Com efeito, tudo aquilo a que a nossa alma der guarida antes da hora da oração, inevitavelmente nos é apresentado, por ingerência da memória, quando rezamos.

Por isso, aquilo que queremos ser quando rezamos, devemos procurar sê-lo antes do tempo da oração. De fato, a alma, na oração, orienta-se a partir do estado precedente, ou seja, apresentando-se-nos ante os olhos, à maneira de prelúdio, a nós prostrados para a oração, a imagem dos atos, das palavras ou dos sentimentos tidos anteriormente, essa mesma imagem nos fará irritar ou entristecer segundo a qualidade dos mesmos, ou nos fará recordar as concupiscências ou querelas passadas, ou remexer-nos com um sorriso idiota – só dizê-lo já é vergonhoso – por causa de alguma piada ou situação cômica, ou esvoaçar pelas anteriores divagações. Assim, tudo aquilo que não queremos que nos importune durante a oração, apressemo-nos, antes da mesma oração, a expulsá-lo do santuário do nosso coração, para assim podermos seguir o preceito do Apóstolo: *Orai sem cessar* (1Ts 5,17), e: *Em todo o lugar, levantando as mãos puras, sem ressentimento e sem contenda* (1Tm 2,8). Mas jamais seremos capazes de cumprir este preceito, a não ser que a nossa alma, purificada de todo o contágio dos vícios e toda dada somente às virtudes, como seus bens naturais, se alimente da contínua contemplação de Deus omnipotente.

IV
Da mobilidade da alma comparada a uma pena ou a uma pequena asa

Não é sem razão que se compara o modo de ser da alma a uma pena ou a uma asa muito leve. Esta, se não for manchada ou impregnada pela corrupção de qualquer líquido vindo de fora, com a ajuda de uma levíssima aragem, dada a mobilidade da sua própria natureza, como que naturalmente, eleva-se às alturas celestes. Mas se, ao contrário, se tornar pesada pela aspersão ou infusão de qualquer líquido, não somente não será arrebatada nos seus voos aéreos pela sua natural mobilidade, mas até será arrastada para o interior da terra pelo peso do líquido absorvido. Assim também a nossa alma, se não se tornar pesada pelos vícios vindos do exterior ou pelas preocupações do mundo, ou não for manchada pelo líquido nocivo da sensualidade, como que levantada pelo atributo natural da sua pureza, elevar-se-á, ao mais leve sopro da meditação espiritual, para as alturas e, abandonando as coisas caducas e terrenas, transportar-se-á para as celestes e invisíveis. Por isso, somos muito particularmente advertidos pelas palavras do Senhor: *Tende cuidado que os vossos corações se não tornem pesados pela crápula, pela embriaguez e pelas preocupações da vida presente* (Lc 21,34). Portanto, se queremos que as nossas orações penetrem não só nos céus, mas para além dos céus, esforcemo-nos por reconduzir a nossa alma, expurgada de todos os vícios terrenos e purificada de todos os resíduos das paixões, à sua sutileza natural, de modo que a sua oração, assim liberta de todo o peso morto dos vícios, suba até Deus.

❧ V ❧
Das causas do peso ou gravidade da alma

Deve-se notar, contudo, a que causas o Senhor atribuiu o fato de a alma se tornar pesada. Ele não falou de adultérios, de fornicações, de homicídios, de blasfêmias ou de roubos – coisas que ninguém ignora serem mortais e condenáveis –, mas de crápula, de embriaguez e de cuidados e preocupações da vida presente; e estas, não só ninguém entre as pessoas do mundo as evita ou as tem por condenáveis, mas até alguns – vergonhoso é dizê-lo – que se dizem monges se envolvem nesses divertimentos como se fossem coisas inocentes e úteis.

Embora estas três coisas, praticadas ao pé da letra, tornem a alma pesada, a separem de Deus e a deprimam para a terra, contudo a sua recusa é fácil sobretudo para nós, a quem uma tão grande distância separa de todo o convívio com o mundo e em ocasião alguma nos envolvemos nesses cuidados visíveis ou nos excessos da comida ou da bebida.

Mas há também outra crápula não menos funesta e uma embriaguez espiritual mais difícil de evitar e também outra espécie de cuidados e preocupações temporais. Estas outras frequentemente nos enredam mesmo depois da renúncia completa a todos os nossos bens, depois da abstenção do vinho e de todas as boas mesas e já vivendo na solidão. Delas diz um profeta: *Despertai, vós que estais ébrios, mas não de vinho* (Jl 1,5 LXX). E outro diz também: *Pasmai e maravilhai-vos; cambaleai e vacilai; estais ébrios, mas não de vinho;*

cambaleais, mas não de embriaguez (Is 29,9). Consequentemente, o vinho que provoca esta embriaguez não pode ser senão, segundo o profeta, *a fúria dos dragões* (Dt 32,33 LXX). E vê de que raiz provém esse vinho: *A videira deles procede da vinha de Sodoma e os sarmentos, de Gomorra* (Dt 32,32 LXX). Queres também conhecer o fruto desta videira e o produto do sarmento? *O seu bago é um bago de fel, o cacho é de amargura* (Dt 32,32 LXX). Sim. Se não nos purificarmos completamente de todos os vícios e não formos sóbrios quanto à crápula de todas as paixões, mesmo sem a embriaguez do vinho e sem a abundância das iguarias, o nosso coração tornar-se-á pesado por uma embriaguez e uma crápula ainda mais funestas. Com efeito, que os cuidados da vida presente podem também, algumas vezes, atingir-nos a nós que não nos imiscuímos nos atos deste mundo, prova-se pela evidência, segundo a regra dos anciãos, os quais declararam que tudo o que excede a necessidade da subsistência quotidiana e a inevitável exigência do corpo é levado à conta dos cuidados e preocupações deste mundo: como, por exemplo, se, quando o trabalho no valor de um soldo é suficiente para obviar à necessidade do nosso corpo, nós queremos torturar-nos a nós mesmos com um trabalho e fadiga mais esforçados para ganhar dois ou três; se, quando duas túnicas bastam para nos cobrir, isto é, uma para de noite e outra para de dia, nós procuramos tornar-nos donos de três ou quatro; se, quando uma ou duas celas bastam para habitarmos, nós, seduzidos pela ambição e grandeza do mundo, construímos quatro ou cinco, e estas bem mobiliadas e mais espaçosas do que o necessário, deixando transparecer, naquilo que nos é possível, a atração da cobiça deste mundo.

~ VI ~
Da visão que um ancião teve a respeito do trabalho febril de um irmão

Que isto não acontece senão por instigação dos demônios, ensinou-no-lo um caso evidente. Com efeito, passando um ancião muito experiente perto da cela de certo irmão que sofria da doença de alma de que falamos, visto que, agitado, se afadigava com trabalhos quotidianos a construir e a reparar coisas supérfluas, e vendo-o em imagem, ao longe, a partir um penedo duríssimo com um pesado malho, e vendo ao pé dele um etíope que juntamente com ele, de mãos entrançadas nas dele, desferia os golpes do malho e o incitava com aguilhões de fogo à aplicação àquele trabalho, deteve-se por muito tempo a admirar quer a arremetida do crudelíssimo demônio, quer o embuste de tão grande ilusão. Quando o irmão, extenuado pela excessiva fadiga, queria descansar e pôr imediatamente fim ao trabalho, encorajado pelo incitamento daquele espírito, era impelido a pegar novamente no malho e a prosseguir com o mesmo ardor a obra começada, de modo que, infatigavelmente sustentado por aqueles mesmos incitamentos, não sentia o rigor de trabalho tão pesado. Então, profundamente comovido por tão cruel engano do demônio, o ancião desvia-se do seu caminho, dirige-se à cela daquele irmão e saúda-o, dizendo: "Que obra é esta, irmão, que andas a fazer?" Disse o outro: "Andamos a trabalhar neste penedo duríssimo e foi com muita dificuldade que finalmente conseguimos parti-lo". A isto respondeu o ancião:

"Disseste bem: 'conseguimos', pois tu não estavas sozinho quando o partias; esteve contigo um outro que tu não viste, o qual, neste trabalho, estava a teu lado não como simples ajudante, mas como violentíssimo instigador".

Portanto, o que provará que nas nossas almas não existe a doença da ambição secular não será, de modo nenhum, o abandono apenas daquelas coisas que não podemos, ainda que quiséssemos, alcançar ou tratar, nem o desprezo daquelas coisas pelas quais, se as abraçarmos, seremos denunciados claramente quer perante os homens espirituais, quer perante as pessoas do mundo, mas essa prova é dada quando rejeitamos com rigor inflexível também as coisas que estão ao alcance da nossa mão e aparecem cobertas com o véu da honestidade. E, na realidade, estas coisas que parecem pequenas e de pouca importância e que vemos serem admitidas com indiferença pelos que são da nossa profissão, não tornam menos pesada, segundo a sua natureza, a alma, do que aquelas maiores que costumam inebriar os sentidos dos seculares, tendo em conta a sua condição: elas não permitem que o monge, liberto de toda a escória terrena, se eleve para Deus, em Quem deve estar sempre fixada a atenção do espírito; e, para ele, monge, a menor separação deste Sumo Bem deve ser creditada como uma morte iminente e o mais funesto dos aniquilamentos. Quando a alma estiver firme nessa tranquilidade ou se tiver libertado dos liames de todas as paixões carnais, e a aplicação tenaz do coração se fixar naquele único e Sumo Bem, ela realizará o preceito do Apóstolo: *Orai sem cessar* (1Ts 5,17), e: *Em todo o lugar, levantando as mãos puras, sem ressentimento e sem contenda* (1Tm 2,8). Com efeito, absorvida a alma – se se pode dizer – nesta pureza, e elevada da sua condição terrena a uma semelhança espiritual e celeste, tudo o que acolher em si, tudo o que tocar, tudo o que fizer será oração puríssima e sem qualquer mescla de impureza.

ೞ VII ೞ
Interpelação acerca do fato de ser mais difícil conservar os bons pensamentos do que suscitá-los

Germano: – Bom seria se, do mesmo modo e com a mesma facilidade com que geralmente acolhemos as sementes dos pensamentos espirituais, pudéssemos também ser donos da sua duração. De fato, quando esses pensamentos são concebidos pelo nosso coração, quer mediante a recordação das Escrituras, quer mediante a lembrança de algumas ações virtuosas ou então mediante a contemplação dos mistérios celestes, logo eles, escorregadios, se desvanecem numa fuga imperceptível. Por outro lado, quando o nosso espírito descobre outras quaisquer ocasiões de pensamentos espirituais, novamente outros pensamentos se lhes sobrepõem, e os primeiros que tinham sido acolhidos desaparecem com uma lúbrica volubilidade. Assim, não tendo a alma nenhuma constância e não estando também em seu poder dar consistência aos pensamentos santos, então, quando parece de algum modo retê-los, deve-se crer que os tenha concebido mais por acaso do que por esforço. De fato, como se pensará dever-se atribuir o seu aparecimento ao nosso arbítrio, se a sua perseverança não depende de nós?

Mas, para que porventura não aconteça que, afastando-nos, com o exame desta questão, para longe do plano inicial da narração, retardemos demasiado a exposição que nos prometeste acerca da natureza da oração, deixamos essa questão para mais tarde e pedimos-te insistentemente que nos instruas acerca da natureza da oração, tanto mais que o bem-aventurado Apóstolo nos aconselha a não interrompê-la nunca, dizendo: *Orai sem cessar* (1Ts 5,17). Assim, primeiro desejamos ser instruídos acerca da sua natureza, isto é, de que qualidades se deve revestir sempre a oração; depois, qualquer que ela seja, como podemos dominá-la e praticá-la sem interrupção. Efetivamente, que ela se não pode praticar perfeitamente com uma medíocre aplicação do coração, mostra-o não só a experiência quotidiana, mas também a exposição de Vossa Santidade, na qual concluístes que o fim do monge e o cume de toda a perfeição assenta na consumação da oração.

❧ VIII ❧
Resposta acerca das diferentes formas de orações

Isaac: — Julgo ser impossível, sem uma excepcional pureza de coração e de alma e sem a iluminação do Espírito Santo, abarcar todas as espécies de orações. Com efeito, elas são tantas numa só alma, ou antes em todas as almas, quantos os estados ou disposições possíveis de cada alma. E, assim, embora saibamos que, por causa do embotamento do nosso coração, não podemos examinar todas as espécies de orações, contudo, quanto o permitir a mediocridade da nossa experiência, tentaremos de algum modo analisá-las.

As orações modificam-se a todo o instante, segundo o grau de pureza a que cada alma ascende e segundo a natureza da disposição em que cada uma se encontra, quer essa disposição derive de influências estranhas, quer seja devida ao seu próprio esforço. Por isso, é absolutamente certo que a ninguém é possível fazer sempre orações uniformes: rezamos de um modo, quando estamos alegres; de outro, quando somos oprimidos pelo peso da tristeza ou do desespero; de outro, quando nos sentimos fortes com os êxitos espirituais; de outro, quando estamos deprimidos pela violência das tentações; de outro, quando pedimos o perdão dos pecados; de outro, quando pedimos a aquisição de uma graça ou de alguma virtude ou mesmo a extinção de qualquer vício; de outro, quando nos compunge a meditação do inferno e o temor do juízo futuro; de outro, quando nos inflama a esperança e o desejo dos bens futuros; de outro, quando nos encontramos em dificuldades e perigos; de outro, quando estamos em segurança e tranquilidade; de outro, quando somos inundados pela luz da revelação dos mistérios celestes; de outro, quando nos sentimos paralisados no progresso das virtudes ou atingidos pela aridez dos pensamentos.

IX
Das quatro espécies de oração

Depois do que fica dito acerca dos diversos modos ou formas de orações – embora não tanto como exige a amplidão do assunto, mas quanto o permite a escassez do tempo e, sem dúvida, quanto consegue captar a debilidade da nossa inteligência e o embotamento do coração –, depara-se-nos agora uma dificuldade maior: expor uma a uma as diversas espécies de orações e que o Apóstolo aponta serem quatro, ao dizer: *Recomendo-te, pois, antes de tudo, que se façam obsecrações, promessas, súplicas e ações de graças* (1Tm 2,1).

De modo algum se pode pensar que o Apóstolo tenha dividido assim as orações sem qualquer motivo. E, em primeiro lugar, devemos indagar o que se designa por obsecração, por promessa, por súplica, por ação de graças; depois, devemos inquirir se estas quatro espécies devem ser assumidas simultaneamente pelo orante, isto é, de modo que todas se unam ao mesmo tempo em qualquer oração, ou se devem ser oferecidas cada uma por sua vez, isoladamente, por exemplo, agora é preciso fazer obsecrações, logo promessas, depois súplicas ou ações de graças, ou, então, se um deve fazer obsecrações, outro promessas, outro súplicas e outro ações de graças, evidentemente segundo a medida da capacidade que cada alma atinge pelo esforço da sua aplicação.

X
Acerca da ordem das diferentes espécies de orações

Primeiramente, portanto, devem ser analisadas as próprias características dos nomes e palavras e assinalada a diferença que há entre promessa, obsecração e súplica; depois, igualmente deve ser investigado se estes três atos devem ser praticados isoladamente ou ao mesmo tempo; em terceiro lugar, deve-se indagar também se a própria ordem, que assim foi estabelecida pela autoridade do Apóstolo, ensina algo mais ao discípulo, ou se esta distinção deve ser aceite com simplicidade e se deve julgar que o Apóstolo a tenha estabelecido sem qualquer intuito. O que me parece bastante absurdo, pois não é credível que o Espírito Santo, por intermédio do Apóstolo, tenha dito algo como de passagem e sem motivo. Retomemos, portanto, pela mesma ordem com que começamos e como Deus nos ajudar, cada uma das espécies.

XI
Da obsecração

Recomendo-te, pois, antes de tudo, que se façam obsecrações. A obsecração é uma imploração ou petição pelos pecados: com ela, cada qual, tocado pela compunção, implora o perdão para os pecados cometidos, quer presentes quer passados.

XII
Da promessa

Promessa é o ato pelo qual oferecemos ou prometemos alguma coisa a Deus. E o que em grego se diz εὐχή, isto é voto. Com efeito, onde em grego se diz: Τὰς εὐχάς μου τῷ Κυρίῳ ἀποδώσω, lemos nós: *cumprirei os meus votos ao Senhor* (Sl 115,14), o que, com rigor, se poderia exprimir assim: cumprirei as minhas promessas ao Senhor. E o que lemos no Eclesiastes: *Se fizeres um voto a Deus, não tardes a cumpri-lo* (Ecl 5,3 LXX), está igualmente escrito em grego: ἐὰν εὔξῃ εὐχὴν τῷ Κυρίῳ, isto é: *Se fizeres uma promessa ao Senhor, não tardes a cumpri-la*. Este preceito é observado por cada um de nós do modo seguinte: prometemos quando, renunciando a este mundo e mortos para todos os atos e estilo de vida mundanos, nos comprometemos a servir o Senhor com todo o ardor da nossa alma; prometemos, quando, desprezadas as honras do século e rejeitadas as riquezas terrenas, nos comprometemos a aderir a Deus na total contrição de coração e na pobreza de espírito; prometemos, quando fazemos voto de para sempre realizar a mais pura castidade do corpo e uma inalterável paciência, ou quando assumimos o compromisso de arrancar completamente do nosso coração as raízes da cólera ou da tristeza que dá a morte. Estas coisas, quando nós, amolecidos pelo relaxamento e voltando aos antigos vícios, não as praticarmos, seremos réus das nossas promessas e dos nossos votos e dir-se-á de nós: *É melhor não fazer votos, do que fazê-los e não os cumprir*. O que, segundo o grego, se poderia dizer: *É melhor que tu não prometas, do que prometeres e não cumprires* (Ecl 5,4 LXX).

XIII
Da súplica

Em terceiro lugar estão as súplicas, as quais, quando estamos firmes no fervor do espírito, costumamos fazer também pelos outros, quer pedindo pelos que nos são queridos, quer pela paz de todo o mundo, e, para usar as palavras do próprio Apóstolo, quando rezamos *por todos os homens, pelos reis e por todos os constituídos em autoridade* (1Tm 2,1-2).

XIV
Da ação de graças

Depois, em quarto lugar, estão as ações de graças que a alma rende ao Senhor com inexprimíveis arroubos ou quando traz à memória os passados benefícios de Deus, ou quando considera os atuais, ou ainda quando contempla quantos e quais são os que Deus, no futuro, preparou para aqueles que O amam. Com essa aplicação do espírito costumam fazer-se também preces mais abundantes, ao mesmo tempo que a nossa alma, intuindo com olhos puríssimos os prêmios reservados no futuro aos santos, é instigada a expandir-se em ação de graças ao Senhor com uma alegria sem limites.

~ XV ~
Se as quatro espécies de oração são necessárias a todos e simultaneamente, ou se isolada e sucessivamente a cada um

Estas quatro espécies são fontes fecundas de oração. Com efeito, da obsecração que nasce da compunção dos pecados, da promessa que deriva, pela pureza de consciência, da lealdade nas oferendas e do cumprimento dos votos, da súplica que procede do ardor da caridade, da ação de graças que é produzida pela consideração dos benefícios de Deus e da sua grandeza e bondade, de todas elas, sabemos que jorram muitas vezes preces muito fervorosas e ardentes. É, por conseguinte, certo que todas estas espécies que mencionamos são úteis e necessárias a todos os homens, e poderemos ver um único e mesmo indivíduo, segundo a diferente disposição da sua alma, ora fazer obsecrações, ora promessas, ora as mais puras e ardentes súplicas. Todavia, a primeira parece convir mais particularmente aos principiantes, ainda atormentados pelos espinhos e lembrança dos seus vícios; a segunda, àqueles que, pelo esforço no progresso espiritual e na aquisição das virtudes, já alcançaram certa elevação de alma; a terceira, àqueles que, cumprindo por obras a perfeição das suas promessas, se sentem também levados, movidos pelo ardor da caridade, a interceder pelos outros, considerando a sua fragilidade; a quarta, àqueles que, arrancado já o doloroso espinho do remorso, já tranquilos, repassando na memória, de alma purificada, as munificências e as misericórdias que o Senhor ou lhes fez no passado, ou lhes concede no presente, ou lhes prepara no futuro, são arrebatados, de coração inflamado, àquela oração de fogo que a linguagem humana não pode compreender nem exprimir.

Contudo, por vezes, a alma que chega a este verdadeiro estado de pureza e começa já a enraizar-se nele, concebendo ao mesmo tempo todas as formas de oração e voando, à maneira de uma incompreensível e insaciável chama por todas elas, costuma derramar diante de Deus inefáveis preces de puríssimo ardor, as quais o próprio Espírito Santo, interpondo-se sem que nós o saibamos, dirige para Deus com gemidos inenarráveis: são tão elevados os sentimentos que ela, nesse momento, experimenta e inefavelmente derrama na oração, que é incapaz, noutra ocasião, já não digo de os exprimir com a boca, mas até mesmo de os reviver na memória.

Também acontece, por vezes, alguém fazer preces puras e intensas, qualquer que seja o degrau em que se encontre, mesmo no primeiro e mais humilde, que consiste na meditação do juízo futuro: aquele que ainda está na fase do terror e do medo do julgamento e do castigo, a dado momento, a tal ponto se sente tocado pela compunção, que fica inundado pelo entusiasmo de espírito que jorra da abundância da obsecração, entusiasmo esse não inferior ao daquele que, considerando e percorrendo, na pureza de seu coração, as magnificências de Deus, se desfaz em inefável gozo e alegria. E que, segundo a palavra do Senhor, ele começa a amar mais, porque sabe que mais lhe foi perdoado (cf. Lc 7,47).

XVI
Para que espécies de orações devemos tender

Contudo, tendo em vista o aperfeiçoamento da vida e a prática das virtudes, devemos aspirar de preferência àquelas espécies de preces que derivam ou da contemplação dos bens futuros ou do ardor da caridade, ou, para usar uma linguagem mais modesta e de acordo com a capacidade dos principiantes, que nascem do desejo de adquirir alguma virtude ou de extinguir algum vício. Com efeito, de nenhum outro modo poderemos chegar àquelas espécies mais altas de oração de que falamos anteriormente senão progredindo a nossa alma, insensível e gradualmente, de uma espécie a outra, passando por todas elas.

ಆ XVII ಆ
Das quatro espécies de oração iniciadas pelo Senhor

O próprio Senhor se dignou iniciar para nós estas quatro espécies de orações, de modo que também nisto se cumprisse aquilo que d'Ele se diz: *o que Jesus começou a fazer e a ensinar* (At 1,1). Com efeito, Ele assume a obsecração quando diz: *Meu Pai, se é possível, afaste-se de Mim este cálice* (Mt 26,39), ou aquilo que se canta no salmo como provindo da sua boca: *Meu Deus, meu Deus, olha para Mim: porque Me abandonaste?* (Sl 21,2). E noutros casos semelhantes.

Trata-se de promessa, quando o Senhor diz: *Glorifiquei-Te na terra, tendo consumado a obra que Me deste a fazer* (Jo 17,4), ou aquilo: *Eu consagro-Me por eles, para eles serem também consagrados na verdade* (Jo 17,19).

É súplica, quando diz: *Pai, quero que aqueles que Me deste, onde Eu estiver, também eles estejam comigo, para que vejam a minha glória, a glória que Tu Me deste* (Jo 17,24). Ou então quando diz: *Perdoa-lhes, ó Pai, porque não sabem o que fazem* (Lc 23,34).

É ação de graças, quando diz: *Bendigo-Te, ó Pai, Senhor do céu e da terra, porque escondeste estas coisas aos sábios e aos entendidos e as revelaste aos pequeninos. Sim, Pai, porque assim foi do teu agrado* (Mt 11,25-26). Ou então quando diz: *Pai, graças Te dou por Me teres ouvido. Eu bem sei que sempre Me ouves* (Jo 11,41-42).

Mas embora o próprio Nosso Senhor tenha especificado, da maneira que nós próprios dissemos, estas quatro espécies de oração, fazendo-as isoladamente e em momentos diferentes, contudo também mostrou por diversas vezes, com o seu exemplo, que elas podem fundir-se todas na oração perfeita, como naquela que lemos no final do Evangelho de João e na qual Ele expandiu a sua alma (cf. Jo 17). De que tudo isto assim é, pode o diligente investigador certificar-se com a leitura do texto, pois é demasiado extenso para ser citado por inteiro.

Também o Apóstolo, na Epístola aos Filipenses, citando estas quatro espécies de oração numa ordem um pouco diferente, expressou esta mesma ideia e mostrou que, por vezes, se devem fundir todas simultaneamente numa só prece ardente, dizendo assim: *Mas em toda a promessa e obsecração apresentai a Deus os vossos pedidos com ação de graças* (Fl 4,6). Com estas palavras, quis ele especialmente ensinar-nos que, tanto na promessa como na obsecração, a ação de graças deve unir-se à súplica.

～ XVIII ～
Da oração dominical

A estas espécies de oração seguir-se-á um estado ainda mais elevado e excelente, que consiste na contemplação de Deus único e no ardor da caridade; nesse estado, a alma, desfeita e abismada em amor, conversa muito familiarmente com Deus como seu próprio Pai, numa intimidade muito especial.

Que é dever nosso procurar diligentemente chegar a esse estado, ensina-o a fórmula da oração dominical ao dizer: *Pai nosso* (Mt 6,9). Quando, portanto, com a nossa própria boca confessamos que Deus e Senhor do universo é nosso Pai, em boa verdade professamos termos sido chamados da condição de servos à adoção de filhos.

Acrescentamos em seguida: *que estais nos céus* (Mt 6,9), para que, fugindo horrorizados da morada da vida presente em que vivemos nesta terra – morada estrangeira e que nos separa do nosso Pai –, nos apressemos antes com todo o ardor dos nossos desejos em direção àquela região, onde confessamos morar o nosso Pai, e para que nada admitamos que, tornando-nos indignos desta nossa profissão de sermos seus filhos e da nobreza de tão grande adoção, não só nos prive como degenerados da herança paterna, mas também nos faça incorrer na cólera da sua justiça e severidade.

Elevados à categoria e dignidade de filhos, inflamar-nos-emos imediatamente naquela ternura própria dos bons filhos, de modo que já não consagramos todo o nosso afeto aos nossos interesses, mas sim à glória de nosso Pai, dizendo-lhe: *Santificado seja o vosso nome* (Mt 6,9), testemunhando que todo o nosso desejo e alegria é a glória de nosso Pai, tornando-nos assim imitadores d'Aquele que disse: *Aquele que fala de si mesmo, procura a própria glória; mas aquele que procura a glória d'Aquele que o enviou, esse é verdadeiro e não há nele injustiça* (Jo 7,18).

Cheio destes sentimentos, também o "vaso de eleição" deseja ser anátema e separado de Cristo, contanto que para Ele ganhe uma família numerosa e cresça a salvação de todo o povo de Israel para glória de seu Pai (cf. Rm 9,3). Sem qualquer receio, deseja morrer por Cristo aquele que sabe que ninguém pode morrer a troco da Vida. E diz ainda: *alegramo-nos quando nós somos fracos, e vós sois fortes* (2Cor 13,9).

E porque nos havemos de admirar de que o "vaso de eleição" deseje tornar-se anátema pela glória de Cristo, pela conversão de seus irmãos e pela salvação do povo eleito, quando também o profeta Miqueias quer tornar-se mentiroso e estranho à inspiração do Espírito Santo, contanto que o povo da nação judaica escape às desgraças e morticínios do cativeiro que ele próprio vaticinara? Diz ele: *Oxalá eu fosse um homem que não tem o Espírito, e antes falasse mentira* (Mq 2,11). Para já não dizer nada daquele desejo do Legislador, o qual não se recusa a morrer com os seus irmãos ameaçados, dizendo: *Rogo-Vos, Senhor: este povo cometeu um grande pecado; perdoa-lhe esta culpa, ou então apaga-me do livro que escreveste* (Ex 32,31-32).

Contudo, as palavras "santificado seja o vosso nome" podem também com muita congruência entender-se deste modo: Deus é santificado pela nossa perfeição. Assim, ao dizer-Lhe "Santificado seja o Vosso nome", dizemos-Lhe, com outras palavras, o seguinte: faz-nos tais, ó Pai, que mereçamos conhecer ou compreender como é grande a tua santidade, ou que a tua santidade se torne visível na nossa vida espiritual. E isso realiza-se efetivamente em nós, quando *os homens veem as nossas boas obras e glorificam o nosso Pai que está nos céus* (Mt 5,16).

~ XIX ~
Sobre as palavras: "Venha a nós o vosso reino"

A segunda petição da alma purificada exprime o desejo de ver chegar quanto antes o reino de seu Pai, quer por este reino se entenda aquele em que Cristo reina todos os dias, nos santos – e tal reino acontece quando, expulso dos nossos corações o império do diabo pela extinção dos vícios fétidos, Deus começa a dominar pelo bom odor das virtudes; quando na nossa alma, subjugada a fornicação, reina a castidade; dominada a cólera, reina a tranquilidade; espezinhada a soberba, reina a humildade –, quer se entenda aquele que está de antemão prometido, de uma maneira geral, a todos os perfeitos e filhos de Deus, no qual lhes será dito por Cristo: *Vinde, benditos de meu Pai, tomai posse do reino que vos está preparado desde a criação do mundo* (Mt 25,34). De olhar, de certo modo, absorvido e paralisado, desejando e esperando esse reino, a alma diz a seu Pai: *Venha o vosso reino* (Mt 6,10). Pois ela sabe, pelo testemunho da própria consciência, que, quando ele aparecer, logo ela se tornará seu habitante. Ao contrário, nenhum pecador ousará pronunciar estas palavras ou formular este desejo, porque não quererá ver o tribunal do juiz aquele que sabe que, por ocasião da sua vinda, lhe deve ser atribuída não a palma ou a coroa pelos seus méritos, mas um castigo fulminante.

XX
Sobre as palavras: "Seja feita a vossa vontade"

A terceira petição dos filhos é: *Seja feita a vossa vontade, assim na terra como nos céus* (Mt 6,10). Não pode haver pedido maior do que desejar que as coisas terrenas mereçam equiparar-se às celestes. Com efeito, dizer: "Seja feita a vossa vontade, assim na terra como nos céus", que outra coisa é dizer senão que os homens sejam semelhantes aos anjos e que, assim como a vontade de Deus é cumprida por eles no céu, assim também aqueles que estão na terra façam todos não a própria vontade, mas a d'Ele? Isto ninguém será capaz de dizer do fundo do coração, senão somente aquele que acredita que Deus dispõe todas as coisas visíveis, quer as adversas quer as favoráveis, para nosso bem, e que Ele é mais previdente e solícito pela salvação e proveito dos seus do que nós próprios por nós mesmos.

Ou também se pode entender esta petição deste modo: a vontade de Deus é a salvação de todos, segundo aquela palavra de São Paulo: *Deus deseja que todos os homens se salvem e cheguem ao conhecimento da verdade* (1Tm 2,4). Acerca dessa vontade de Deus, diz também o profeta Isaías, pondo as palavras na boca de Deus Pai: *A minha vontade se cumprirá* (Is 46,10). Quando, portanto, Lhe dizemos: "Seja feita a vossa vontade, assim na terra como nos céus", é isto que Lhe pedimos com outras palavras: que, como aqueles que estão no céu, assim sejam salvos, ó Pai, todos os que estão na terra pelo conhecimento do vosso nome.

~ XXI ~
Do pão supersubstancial ou quotidiano

A seguir dizemos: *O pão nosso* ἐπιούσιον, isto é, *supersubstancial, nos dai hoje* (Mt 6,11). Outro evangelista diz: *quotidiano* (Lc 11,3). O qualificativo "supersubstancial" significa a natureza da sua excelência e substância, mediante a qual está acima de todas as substâncias, e que a sublimidade da sua grandeza ultrapassa todas as criaturas; o qualificativo "quotidiano", porém, exprime a qualidade do seu uso e utilidade. De fato, ao dizer "quotidiano", mostra que, sem esse pão, não podemos viver a vida espiritual um só dia. Quando diz "hoje", mostra que ele deve ser comido todos os dias, e que não basta tê-lo comido de véspera, se não nos for dado igualmente também hoje. Que a necessidade quotidiana que temos dele nos faça lembrar que devemos fazer esta oração em todo tempo, porque não há dia nenhum em que não nos seja necessário comer este pão para revigorar o coração do nosso homem interior, embora o termo "hoje" também se possa entender como significando "para a vida presente", isto é: enquanto vivemos neste mundo, dai-nos este pão. Pois nós sabemos que o haveis de dar no mundo futuro àqueles que o tiverem merecido; mas pedimo-Vos que o deis hoje a nós, porque quem não for digno de o receber nesta vida não participará dele na outra.

೩ XXII ೩
Sobre as palavras: "Perdoai-nos as nossas ofensas etc."

Perdoai-nos as nossas ofensas, assim como nós perdoamos a quem nos tem ofendido (Mt 6,12). Ó inefável clemência de Deus! Não só nos deu, nestas palavras, um modelo de oração e instituiu a regra que Lhe torna agradável o nosso comportamento – e, pelo compromisso que a fórmula encerra e com a qual nos manda rezar-Lhe sempre, ao mesmo tempo arranca as raízes da cólera e da tristeza –, mas também proporciona aos que a rezam uma ocasião e lhes abre o caminho para apelarem a que lhes seja feito um julgamento indulgente e misericordioso, e, de certo modo, confere-nos autoridade para podermos mitigar a sentença do nosso juiz, forçando-o ao perdão dos nossos delitos com o exemplo da nossa indulgência, ao dizermos-Lhe: "Perdoai-nos como nós perdoamos".

Assim, apoiando-se nesta oração, somente pedirá de boa-fé perdão de seus pecados aquele que se tiver mostrado condescendente para com os seus próprios ofensores, não para com os do seu senhor. Com efeito, alguns de nós costumamos – o que é muito pior – mostrar-nos benevolentes e muito indulgentes para com as ofensas que se cometem contra Deus, ainda que sejam os maiores crimes, mas para com as que nos atingem a nós, por muito pequenas que sejam, revelamo-nos exatores severos e inexoráveis. Portanto, aquele que não tiver perdoado de todo o coração a ofensa de seu irmão, obterá para si, com esta oração, não a indulgência, mas a condenação e, por sua própria boca, exigirá ser julgado mais severamente, ao dizer: "Perdoai-me como eu perdoei". Se ele for tratado como pede, o que é que se seguirá senão que, a seu exemplo, seja castigado com uma cólera implacável e uma sentença sem perdão? Por conseguinte, se queremos ser julgados com clemência, temos também de ser clementes para com aqueles que nos ofenderam. Pois ser-nos-á perdoado na medida em que tivermos perdoado àqueles que nos prejudicaram, qualquer que tenha sido a ofensa.

Temendo isto, alguns, quando na igreja se reza esta oração em voz alta e em comum, omitem, calados, estas palavras, para não se verem acusados pela sua própria boca, mais do que escusados, não compreendendo que é em vão que se esforçam por apresentar estas sutilezas perante o juiz de todos, o qual quis mostrar antecipadamente aos que Lhe suplicam como os há de julgar: não querendo aparecer-lhes severo e inexorável, estabeleceu o padrão do seu julgamento, de modo que, como queremos ser julgados por Ele, assim perdoemos aos nossos irmãos, caso nos tenham ofendido, *porque o julgamento sem misericórdia é para aquele que não pratica a misericórdia* (Tg 2,13).

∽ XXIII ∽
Sobre as palavras: "Não nos induzais em tentação"

Segue-se depois: *e não nos induzais em tentação* (Mt 6,13). E destas palavras surge um problema difícil: Se pedimos a Deus que não permita que sejamos tentados, como há de ser provada em nós a virtude da constância, segundo o que está escrito: *o homem que não é tentado, não é provado?* (Eclo 34,10). E ainda: *feliz o homem que suporta a tentação* (Tg 1,12). Portanto, o sentido das palavras "não nos induzais em tentação" não é "não permitais que jamais sejamos tentados", mas sim "não permitais que, quando tentados, sejamos vencidos". Com efeito, Jó foi tentado, mas não foi induzido na tentação, pois ele não acusou a Sabedoria divina, nem enveredou pelo caminho da impiedade e da blasfêmia a que o tentador queria atraí-lo. Abraão foi tentado, José foi tentado; mas nem um nem outro foi induzido na tentação, porque nenhum deles condescendeu com o tentador.

Depois vem: *mas livrai-nos do mal* (Mt 6,13), isto é, não permitais que sejamos tentados pelo demônio acima das nossas forças, mas, com a tentação, *dai-nos os meios de sair dela, para que possamos resistir-lhe* (1Cor 10,13).

~ XXIV ~
Que se não deve pedir outras coisas, senão o que se contém na oração dominical

Aqui tendes a breve fórmula de oração tal qual nos foi proposta pelo próprio que por meio dela deve ser implorado enquanto juiz. Nela não tem lugar nenhum pedido de riquezas, nenhuma lembrança de honras, nenhuma solicitação de poder ou de força, nenhuma menção de saúde ou de vida temporal. Com efeito, o criador da eternidade não quer que se Lhe peça nada de perecível, nada de desprezível, nada de transitório. Fará gravíssima injúria à sua magnificência e munificência aquele que, pondo de lado estas petições eternas, preferir pedir-Lhe algo de transitório e de caduco, e atrairá sobre si mais o desagrado do seu juiz do que o seu favor.

❧ XXV ❧
Da natureza de uma oração mais sublime

Embora esta oração do Pai-nosso pareça conter toda a plenitude da perfeição, visto que foi iniciada ou estatuída pela autoridade do próprio Senhor, contudo ela eleva os seus amigos àquele estado mais alto de que falamos anteriormente e os conduz a passos largos àquela oração de fogo, conhecida ou experimentada por muito poucos – melhor ou com mais propriedade diria inefável –, a qual, transcendendo todo o sentimento humano, não se define por nenhum som da voz, nem pelo movimento da língua, nem pela pronúncia de palavras. A alma, iluminada pela infusão daquela luz celeste, não exprime tal oração com a linguagem humana e sempre limitada, mas, unificados todos os sentimentos, derrama-a abundantemente como de uma fonte borbotante e dirige-a de modo inefável para Deus, exprimindo tantas coisas naquele brevíssimo instante, que a própria alma, uma vez voltada a si, não pode facilmente enunciá-las ou recordá-las.

Nosso Senhor também delineou de maneira semelhante esse estado com a forma das súplicas que se narra Ele ter feito, quer no monte, afastando-se sozinho (cf. Lc 5,16), quer em silêncio, quando situado na agonia da oração, num inimitável exemplo de concentração, até suou sangue (cf. Lc 22,44).

XXVI
Das diversas causas da compunção

Quem pode, na verdade, por mais experiência que tenha, expor suficientemente a diversidade e as próprias causas e origens da compunção que, inflamando e incendiando a alma, a incita às mais puras e ardentes orações? A esse propósito vou presentemente dizer algo, a título de exemplo, na medida em que, com a iluminação do Senhor, me for possível fazer apelo às minhas recordações.

Assim, algumas vezes, o versículo de um salmo, quando salmodiávamos, proporcionou a ocasião de uma oração ardente. Outras vezes, a voz melodiosa de um irmão excitou a uma súplica intensa as almas dos sonolentos. Sabemos também que a postura e dignidade de quem salmodia contribuiu muito para o fervor até dos simples assistentes. Também a exortação e a conversação espiritual de um homem virtuoso frequentemente elevou o afeto dos abatidos às preces mais fecundas. Sabemos também termos sido não menos arrebatados à perfeita compunção pela morte de um irmão ou de uma pessoa querida. Também, por vezes, a recordação da nossa tibieza e negligência provocou em nós um fervor salutar.

Assim, deste modo, a ninguém restam dúvidas de que são inúmeras as ocasiões em que, pela graça de Deus, podemos sacudir a tibieza e a sonolência das nossas almas.

XXVII
Das diferentes formas de compunção

Não se reveste de menor dificuldade indagar como ou sob que formas a compunção prorrompe do santuário íntimo da alma. Com efeito, frequentemente, o fruto da salubérrima compunção emerge através de um gozo inefável e de uma alegria de espírito tais, que, tornando-se insuportável a própria alegria pela sua imensidade, explode em grandes gritos de desabafo que vão levar até à cela vizinha a notícia da nossa felicidade e exultação. Algumas vezes, porém, a alma esconde-se no recesso de um silêncio profundo, numa serenidade tal, que o pasmo da súbita iluminação lhe embarga completamente o som da voz, atônita, ou retém interiormente todos os sentimentos ou os perde, e expande para Deus os seus desejos com gemidos inenarráveis. Finalmente, outras vezes, a alma é sufocada por tão grande compunção e dor, que só no desafogo das lágrimas encontra alívio.

∾ XXVIII ∾
Interpelação acerca do fato de o dom das lágrimas não estar em nosso poder

Germano: – Na realidade, até a minha miséria não ignora, em certa medida, o sentimento da compunção. De fato, frequentemente, rebentando-se-me as lágrimas à lembrança das minhas faltas, de tal modo fui vivificado, pela visita do Senhor, com essa alegria inefável de que falaste, que a grandeza da própria alegria me repetia que não devia desesperar do perdão delas. Penso que nada haveria de mais sublime do que esse estado, se a sua recuperação dependesse do nosso arbítrio. Efetivamente, às vezes, desejando com todas as forças excitar-me a semelhante compunção de lágrimas e colocando diante dos olhos todos os meus erros e pecados, não consigo reencontrar a fonte das lágrimas, e os meus olhos permanecem de tal modo endurecidos, que, à maneira de um penedo duríssimo, deles não brota nem sequer uma gota de umidade. E, assim, tão grande é a alegria que sinto naquela abundância de lágrimas, como grande é a minha dor por não a poder recuperar quando quero.

❧ XXIX ❧
Resposta acerca da diversidade da compunção que leva às lágrimas

Isaac: — As lágrimas não são desencadeadas sempre pelo mesmo sentimento ou por uma só virtude. Umas vezes, as lágrimas que correm são produzidas pelo espinho dos pecados que compunge o nosso coração, das quais se diz: *Estou exausto de gemer; noite após noite regarei o meu leito com lágrimas* (Sl 6,7), e ainda: *Faz correr como uma torrente as lágrimas dia e noite, e não te dês descanso, nem a pupila do teu olho se estanque* (Lm 2,18).

Outras vezes, são lágrimas que nascem da contemplação dos bens eternos e do desejo da glória futura; perante essa contemplação, prorrompem até lágrimas mais abundantes, por causa da incontida felicidade e imensa alegria, ao mesmo tempo que a nossa alma suspira pelo Deus forte, pelo Deus vivo, dizendo: *Quando chegarei e aparecerei na presença de Deus? As minhas lágrimas tornaram-se o meu pão de dia e de noite* (Sl 41,3-4), e clamando dia após dia, com prantos e lamentações: *Ai de mim, como se prolonga o meu peregrinar!* (Sl 119,5), e: *A minha vida já durou tempo demais!* (Sl 119,6).

Outras vezes, são lágrimas que jorram sem que se tenha qualquer consciência de faltas mortais, mas que, contudo, procedem do temor do inferno e da lembrança do terrível julgamento. Abalado pelo terror desse julgamento, o profeta dirige-se a Deus, dizendo: *Não entres em julgamento com o teu servo, porque nenhum ser vivo será achado justo na tua presença* (Sl 142,2).

Há ainda outra espécie de lágrimas, as quais têm a sua origem não perante a própria consciência, mas perante o endurecimento e os pecados alheios. Com tais lágrimas está escrito que Samuel chorou por Saul (cf. 1Sm 15,35), que também o Senhor, no Evangelho, chorou pela cidade de Jerusalém (cf. Lc 19,41ss.), ou Jeremias, em tempos passados, dizendo assim: *Quem dará água à minha cabeça, e aos meus olhos uma fonte de lágrimas? E chorarei dia e noite os mortos da filha do meu povo* (Jr 9,1). Tais são ainda aquelas lágrimas de que, no salmo centésimo primeiro, se canta: *Comi cinza como pão, e misturarei a minha bebida com lágrimas* (Sl 101,10). Não há dúvida de que elas não são desencadeadas por aquele sentimento com que emergem, no salmo sexto, da pessoa do penitente, mas sim pelas inquietações, angústias e sofrimentos desta vida, com que os justos são oprimidos enquanto vivem neste mundo. Que assim é, mostra-o claramente não só o texto do próprio salmo, mas também o título. Este, fazendo alusão à pessoa daquele pobre de que no Evangelho se diz: *Bem-aventurados os pobres em espírito, porque deles é o reino dos céus* (Mt 5,3), é assim apresentado: *Oração do pobre, quando está angustiado e derrama a sua prece diante de Deus* (Sl 101,1).

XXX
De que se não deve provocar as lágrimas, quando não surgem espontâneas

Por conseguinte, são muito diferentes destas lágrimas aquelas que, de coração endurecido, se espremem de uns olhos secos. Embora não sejamos de opinião que elas sejam totalmente infrutuosas — pois é com boa intenção que a sua emissão é tentada sobretudo por aqueles que ou ainda não conseguiram chegar à ciência perfeita, ou ainda não conseguiram purificar-se completamente dos vícios passados ou presentes —, contudo, pelos que já passaram ao amor das virtudes, de maneira nenhuma as lágrimas devem ser arrancadas assim, nem devem ser obtidas com grande esforço do homem exterior. Tais lágrimas, ainda que sejam obtidas a qualquer preço, nunca poderão atingir aquela abundância das lágrimas espontâneas e, fazendo pressão, pelo esforço que requerem, sobre o espírito de quem reza, abatê-lo-ão e mergulhá-lo-ão em pensamentos humanos e depô-lo-ão daquela altura sublime, na qual a alma atônita se deve manter imutavelmente fixa, e constrangê-la-ão, fragilizado o ardor da sua prece, a adoecer por causa de umas estéreis e forçadas amostras de lágrimas.

~ XXXI ~
Sentença do Abade Antão sobre a natureza da oração

E para que apreendais a impressão daquilo que é a verdadeira oração, dir-vos-ei não o meu, mas o parecer do bem-aventurado Antão. Vimo-lo permanecer tanto tempo em oração, que muitas vezes os primeiros clarões do Sol nascente o surpreendiam no seu êxtase, e ouvimo-lo exclamar no fervor do seu espírito: "Ó Sol, porque me perturbas? Já estás a nascer, só para me arrancares à claridade desta verdadeira luz!" Dele é também esta celeste e mais que humana sentença sobre o grau mais elevado da oração: "Não é perfeita a oração, dizia ele, na qual o monge tem consciência de si ou daquilo que ele pede".

E se nos for permitida a ousadia de, na medida da nossa fraqueza, acrescentar algo a esta admirável sentença, exporemos, guiados pela experiência, os sinais da oração que é ouvida pelo Senhor.

XXXII
Do sinal de se ser ouvido

Quando, ao rezarmos, nenhuma hesitação vier intrometer-se na nossa oração e nenhum pensamento de dúvida lhe quebrar a confiança, mas, ao contrário, sentirmos, na própria efusão da oração, que obtivemos o que pedimos, não duvidemos de que as nossas preces chegaram eficazmente até Deus. Pois tanto mais alguém merecerá ser atendido e receber quanto mais acreditar ou que é olhado por Deus ou que Deus tem poder para lhe conceder o que Lhe pede. De facto, é irrevogável aquela palavra de Nosso Senhor: *Tudo quanto pedirdes, orando, crede que o recebereis e vos será dado* (Mc 11,24).

ಞ XXXIII ಞ
Objeção, porque a mencionada confiança de se ser atendido é própria somente dos santos

Germano: – Estamos completamente convencidos de que esta confiança de se ser atendido emana da pureza de consciência. Mas nós, que sentimos ainda o espinho dos pecados a compungir-nos o coração, como é que a podemos ter, sem méritos nenhuns a nosso favor mediante os quais possamos presumir que as nossas orações são ouvidas?

~ XXXIV ~
Resposta acerca das diferentes causas do bom acolhimento das nossas orações

Isaac: — Que as causas do acolhimento dado à oração são diferentes, segundo as diferentes e variadas disposições das almas, atestam-no os depoimentos quer evangélicos quer proféticos.

Assim, tens no consenso de duas pessoas um fruto de acolhimento assinalado pela voz do Senhor, segundo aquela palavra: *Se dois de entre vós concordarem sobre a terra acerca de qualquer coisa que peçam, obtê-la-ão de meu Pai que está nos céus* (Mt 18,19).

Tens outra causa de acolhimento na plenitude da fé, que é comparada ao grão de mostarda: *Se tiverdes fé como um grão de mostarda, direis a este monte: muda-te daqui para acolá, e ele mudar-se-á, e nada vos será impossível* (Mt 17,19).

Tens na assiduidade da oração, que, por causa da infatigável perseverança das petições, a palavra do Senhor apodou de impertinência: *Em verdade vos digo, se não se levantar por causa da amizade, levantar-se-á ao menos por causa da impertinência e dar-lhe-á tudo o que ele precisar* (Lc 11,8).

Tens no fruto da esmola: *Encerra a esmola no coração do pobre, e ela intercederá por ti no tempo da tribulação* (Eclo 29,12).

Tens na emenda de vida e nas obras de misericórdia, segundo aquela palavra: *Desata as cadeias da impiedade, tira os fardos que oprimem* (Is 58,6). E, depois de algumas palavras com que é censurada a esterilidade de um jejum inútil, o profeta acrescenta: *Então, invocarás, e o Senhor te atenderá; clamarás, e Ele dirá: Eis-me aqui* (Is 58,9).

Às vezes, sem dúvida, também o excesso de tribulações faz sermos atendidos, segundo estas palavras: *Na minha aflição clamei ao Senhor, e Ele ouviu-me* (Sl 119,1), e ainda: *Não maltratareis o estrangeiro, porque se ele Me invocar, escutá-lo-ei, porque sou misericordioso* (Ex 22,21.27).

Vedes, portanto, por quantas maneiras se obtém a graça de ser ouvido, de modo que ninguém se deixe abater pelo desespero da sua consciência, tratando-se de pedir a salvação e os bens eternos. Pois, embora, pela contemplação das nossas misérias, eu admita que estamos totalmente desprovidos de todas as virtudes que mencionamos acima, e que não temos nem aquele admirável consenso de duas pessoas, nem aquela fé comparada a um grão de mostarda, nem aquelas obras de piedade que o profeta descreve, porventura não podemos ter, ao menos, a impertinência que está ao alcance de quem a quer, e mediante a qual, mesmo sozinha, o Senhor prometeu conceder tudo o que Lhe for pedido? Por isso, deve-se insistir na oração, sem a infidelidade de qualquer hesitação, e de modo algum se deve duvidar que, pela perseverança na mesma oração, obteremos tudo o que pedirmos segundo Deus. Pois o Senhor, querendo conceder-nos os bens celestes e eternos, exorta-nos a que, de certo modo, O obriguemos com a nossa impertinência, a Ele que não só não despreza nem repele os importunos, mas até os encoraja e louva, e com extrema benevolência lhes promete conceder-lhes tudo o que eles esperarem com perseverança, dizendo: *Pedi e recebereis; procurai e encontrareis; batei e abrir-se-vos-á; pois todo aquele que pede recebe, o que procura encontra e ao que bate abrir-se-á* (Lc 11,9-10). E ainda: *Tudo o que pedirdes com fé na oração, recebê-lo-eis, e nada vos será impossível* (Mt 21,22; 17,21).

Por isso, se nos faltarem em absoluto todas as causas do bom acolhimento da oração mencionadas acima, encoraje-nos ao menos a constância da impertinência, que, sem qualquer dificuldade de mérito ou de esforço, está ao alcance de todo aquele que a deseja. Contudo, tenhamos por certo que não será atendido o suplicante que duvide de ser atendido.

O preceito de suplicar infatigavelmente ao Senhor é-nos também lembrado pelo exemplo do bem-aventurado Daniel (cf. Dn 10,2ss.): tendo sido ouvido desde o primeiro dia em que começou a orar, alcança o efeito da sua prece depois do vigésimo primeiro dia. Daí que também nós não devemos desistir do ardor inicial das nossas orações, se nos parecer que Deus é demasiado lento em atender-nos. Talvez que a graça do atendimento esteja a ser diferida para maior proveito nosso, ou talvez que o anjo encarregado de nos trazer o benefício divino, tendo já partido da presença de Deus, seja retardado pela resistência do demônio: se ele verificar que desistimos do fervor da petição apresentada, é certo que não poderá comunicar-nos a graça que pedimos e que ele foi encarregado de nos transmitir. Isso mesmo, sem dúvida alguma, poderia acontecer ao sobredito profeta, se ele, por uma virtude incomparável, não tivesse prolongado a perseverança das suas orações até ao vigésimo primeiro dia.

Portanto, não sejamos abalados na firmeza da nossa fé por nenhum pensamento de desespero, quando nos parecer que não obtivemos o que pedíamos, nem duvidemos da promessa do Senhor que nos diz: *Tudo o que pedirdes com fé na oração, recebê-lo-eis* (Mt 21,22). É conveniente recordarmos aquela sentença do bem-aventurado evangelista João, pela qual toda a incerteza sobre este tema fica claramente desfeita. Diz ele: *É esta a confiança que temos n'Ele: se Lhe pedirmos alguma coisa segundo a sua vontade, Ele ouve-nos* (1Jo 5,14).

Portanto, São João mandou-nos ter uma confiança total e indubitável de sermos ouvidos somente acerca daquelas coisas que são conformes à vontade do Senhor, e não aos nossos interesses ou conveniências temporais. E isso também que nos é mandado acrescentar na oração dominical: seja feita a vossa vontade, isto é, a vossa, não a nossa. Se, pois, recordamos também aquela palavra do Apóstolo: *não sabemos o que convém pedir* (Rm 8,26), compreendemos que, por vezes, nós pedimos coisas contrárias à nossa salvação, e que com muito proveito nosso nos é negado o que pedimos por Aquele que vê, com mais retidão e mais verdade do que nós, as nossas necessidades. Não há dúvida que foi isso que aconteceu ao Apóstolo dos gentios, quando pedia que fosse afastado dele o anjo de satanás que, para utilidade sua e por vontade do Senhor, tinha sido colocado junto dele para o esbofetear: *Por isso, três vezes* – diz ele – *pedi ao Senhor que o afastasse de mim. E Ele disse-me: Basta-te a minha graça, pois é na fraqueza que a minha força se revela* (2Cor 12,8-9).

Esse mesmo pensamento também Nosso Senhor – orando enquanto homem para nos dar também nisto como no resto, com o seu exemplo, um modelo de como se deve orar – o exprimiu, ao rezar assim: *Pai, se é possível, passe de Mim este cálice! Todavia, não seja como Eu quero, mas como Tu queres* (Mt 26,39), embora a sua vontade não fosse diferente da do Pai. Com efeito, *Ele viera salvar o que se tinha perdido e dar a sua vida pelo resgate de muitos* (Mt 18,11; 20,28). Da sua vida, Ele próprio diz: *Ninguém Ma tira, mas Eu é que a dou por Mim mesmo: tenho poder para a dar e tenho poder para a retomar* (Jo 10,18). Acerca da união contínua da sua vontade com a do Pai, também o bem-aventurado Davi, no salmo trigésimo nono, Lhe põe na boca estas palavras: *Para fazer a tua vontade: Eu o quero, ó meu Deus* (Sl 39,9). Com efeito, se, a respeito do Pai, lemos: *Deus amou de tal modo o mundo, a ponto de lhe dar o seu Filho Único* (Jo 3,16), também, apesar disso, encontramos: *Ele se entregou a si mesmo pelos nossos pecados* (Gl 1,4). E assim como do Pai se diz: *Ele não poupou o próprio Filho, mas entregou-O por todos nós* (Rm 8,32), também se diz do Filho: *Foi oferecido, porque Ele mesmo quis* (Is 53,7). E a vontade do Pai e do Filho é a tal ponto designada una em todas as circunstâncias, que até no próprio mistério da ressurreição se ensina que a operação não foi diferente. Com efeito, assim como o bem-aventurado Paulo prega ter o Pai operado a ressurreição do corpo do Filho, dizendo: *E Deus Pai, que O ressuscitou dos mortos* (Gl 1,1), assim também o Filho protesta que levantará o templo do seu corpo, declarando: *Destruí este templo, e Eu em três dias o levantarei* (Jo 2,19).

Por conseguinte, instruídos pelos exemplos do Senhor anteriormente mencionados, também nós devemos concluir todas as nossas súplicas com um voto semelhante ao d'Ele e acrescentar a todos os nossos pedidos estas palavras: Todavia, não seja como Eu quero, mas como Tu queres (Mt 26,39). Tal é o sentido da tripla inclinação que se costuma fazer nas assembleias litúrgicas dos irmãos para concluir a sinaxe[3], à qual, aquele que está absorvido na oração não pode dar a devida atenção.

---

3. "Sinaxe" é a transliteração de uma palavra grega que significa "assembleia". Designava uma reunião de monges para a oração, durante a qual podiam fazer algum trabalho, cf. *Instituições cenobíticas*, II, 12.

～ XXXV ～
Da oração que se deve fazer no quarto e de porta fechada

Antes de tudo, deve-se observar com especial diligência aquele preceito evangélico que nos manda entrar no nosso quarto e, fechada a porta, orar ao nosso Pai (cf. Mt 26,39). E isso será cumprido por nós assim:

Rezamos no nosso quarto, quando, afastando completamente o nosso coração do tumulto de todos os pensamentos ou preocupações, como que em segredo e familiarmente apresentamos ao Senhor os nossos pedidos.

Rezamos de porta fechada, quando, de lábios imóveis e em total silêncio, dirigimos as nossa súplicas Àquele que perscruta os corações e não as palavras.

Rezamos em segredo, quando, apenas com o coração e de alma concentrada, manifestamos somente a Deus as nossas petições, de modo que nem sequer as potências inimigas possam adivinhar a sua natureza. Por isso, deve-se orar no mais absoluto silêncio, não somente para não distrairmos, com os nossos cochichos ou clamores, os irmãos que estão ao lado e não perturbarmos as suas almas em oração, mas também para que o objetivo da nossa petição permaneça oculto dos nossos próprios inimigos, que multiplicam os seus ataques sobretudo quando rezamos. E assim cumpriremos aquele preceito: *Mantém fechada a tua boca para com aquela que dorme no teu regaço* (Mq 7,5).

ೞ XXXVI ೞ
Da vantagem da oração breve e silenciosa

Pelo mesmo motivo, deve-se rezar frequentemente, decerto, mas com brevidade, para que o inimigo insidioso não tenha a possibilidade, demorando-nos, de introduzir algo no nosso coração. Este é, com efeito, o sacrifício verdadeiro, porque *o sacrifício para Deus é um coração contrito* (Sl 50,19). Esta é a oblação salutar, estas são as oferendas puras, este é *o sacrifício de justiça* (Sl 50,21), este é *o sacrifício de louvor* (Sl 49,23), estas são as vítimas verdadeiras e pingues, estes são *os holocaustos cheios de gordura* (Sl 65,15), que se oferecem de coração contrito e humilhado. Se nós os apresentarmos segundo o método e com o fervor de espírito de que falamos, poderemos cantar, com a certeza de sermos ouvidos: *Suba a minha oração como incenso à vossa presença; a elevação das minhas mãos seja como o sacrifício da tarde* (Sl 140,2). A aproximação da noite e da hora desse sacrifício da tarde adverte-nos que o ofereçamos também nós em oblação oportuna. Acerca dele, embora considerando a capacidade da nossa fraqueza, pareça terem sido ditas muitas coisas e se tenha prolongado a nossa conferência, contudo, considerando a sublimidade e a dificuldade do tema, cremos que muito pouco ficou dito.

Mais impressionados do que saciados com a exposição do venerável Isaac, tendo celebrado a sinaxe da tarde, demos um pouco de descanso aos nossos corpos mediante o sono; e, aos primeiros alvores da manhã, com o assentimento de voltarmos novamente para uma exposição mais completa, afastamo-nos para as nossas celas, contentes tanto pelos conhecimentos adquiridos como pela certeza dos prometidos. Com efeito, sentíamos que com esta primeira conferência apenas nos tinha sido mostrada a excelência da oração, mas que ainda não tínhamos compreendido por que processo ou por que virtude ela se tornaria ou conservaria contínua.

*Colação segunda do Abade Isaac
Da oração*

∽ I ∽
Introdução

Aí ficaram expostos, como Deus o permitiu, embora num estilo desajeitado, os sublimes ensinamentos dos anacoretas. Agora, a sequência da própria narração compele-nos a inserir e a acrescentar algo que aparecerá como uma verruga a manchar um rosto delicado. Contudo, não duvido que também daqui advirá para os mais simples um precioso ensinamento sobre a imagem de Deus onipotente, à qual o *Gênesis* se refere, tanto mais que se trata de uma verdade cuja ignorância acarretaria uma grosseira blasfêmia e um grave prejuízo para a fé católica.

~ II ~
Do costume existente no Egito acerca do anúncio da Páscoa

Existe no território do Egito este costume que já tem uma longa tradição: Passado o dia da Epifania, que os sacerdotes daquela província definem como sendo a solenidade quer do batismo do Senhor quer do seu nascimento segundo a carne – e é por isso que, entre eles, este duplo mistério não é objeto de duas solenidades distintas, como no Ocidente, mas é celebrado com a única e a mesma festa desse dia –, o bispo de Alexandria envia cartas a todas as Igrejas do Egito, pelas cidades e pelos mosteiros, a fim de dar a conhecer por toda a parte a data do começo da Quaresma e a da Páscoa.

Muito poucos dias se tinham passado após a nossa precedente conferência com o Abade Isaac, quando, segundo o costume, chegaram de Alexandria as cartas oficiais do Bispo Teófilo. Nelas, além do anúncio da data da Páscoa, ele dissertava longamente também contra a absurda heresia dos antropomorfistas e com grande abundância de argumentos a reduzia a nada.

Um vivo azedume se gerou na quase totalidade dos monges que habitavam toda a província do Egito e cuja simplicidade se tinha deixado surpreender pelo erro. A maior parte dos anciãos faz oposição, declara o bispo culpado da mais grave heresia e decide que toda a comunidade dos irmãos o deve considerar como excomungado, visto que ele contradiz a Sagrada Escritura ao negar que Deus onipotente tenha figura humana, quando a Escritura afirma com toda a clareza que Adão foi criado à sua imagem.

Por fim, também os monges que viviam no deserto da Cítia e que ultrapassavam tanto em perfeição como em ciência todos os que pertenciam aos mosteiros do Egito, rejeitam de igual modo aquela carta. De entre os sacerdotes, só o Abade Pafnúcio, da nossa comunidade, foi exceção: nenhum dos outros sacerdotes que naquele deserto presidiam às outras três Igrejas permitiu que ela fosse lida ou proclamada publicamente nas assembleias.

~ III ~
Do Abade Sarapião e da heresia do antropomorfismo em que ele caiu devido à sua simplicidade

Entre os que tinham sido atingidos por este erro, contava-se um certo Sarapião, homem provado por um longo passado de austeridade e perfeito na disciplina ascética, mas cuja ignorância acerca do dito ponto de doutrina era tanto mais prejudicial para todos os que professavam a verdadeira fé quanto ele, pelo mérito da sua vida e pela sua idade, sobressaía a quase todos os monges. Não tendo sido possível conduzi-lo ao caminho da verdadeira fé com as muitas exortações do santo sacerdote Pafnúcio, pois que lhe parecia que esta nova crença nunca os antigos a tinham conhecido nem transmitido, sucedeu que certo diácono, de nome Fotino, homem de muita ciência, chegou das regiões da Capadócia, movido pelo desejo de ver os irmãos que viviam naquele mesmo deserto. O bem-aventurado Pafnúcio recebe-o com as maiores provas de alegria e, para confirmar a doutrina contida nas cartas do mencionado pontífice, leva-o à presença dos irmãos reunidos e pergunta-lhe como é que as Igrejas católicas do Oriente interpretam a passagem do Gênesis que diz: *Façamos o homem à nossa imagem e semelhança* (Gn 1,26).

Esclarecendo ele que a imagem e semelhança de Deus era entendida pela totalidade dos chefes de todas as Igrejas não segundo o sentido material da expressão, mas em sentido espiritual, e tendo ele provado isso mesmo com grande eloquência e com muitos testemunhos das Escrituras, e que não era possível atribuir à infinita, incompreensível e invisível Majestade algo que, como a composição e semelhança humana, a circunscreva e limite, visto que sendo uma natureza incorpórea, incomposta e simples, não pode ser detectada pelos olhos nem avaliada pela inteligência, finalmente o velho, abalado pelos muitos e sólidos argumentos do sapientíssimo varão, foi reconduzido à fé da tradição católica.

Como por causa desta sua adesão à fé uma alegria infinita se apoderara não só do Abade Pafnúcio, mas também de todos nós, pois Deus não tinha permitido que um homem de tanta idade e ornado de tão grandes virtudes, errando apenas por ignorância e por uma simplicidade ingénua, se desviasse definitivamente do caminho da verdadeira fé, levantamo-nos para oferecermos ao Senhor, todos juntos, preces de ação de graças. Então, no decorrer das preces, o ancião ficou tão profundamente perturbado por ver desvanecer-se do seu coração a forma humana sob a qual ele costumava imaginar a divindade quando rezava, que prorrompeu num pranto amargo e em abundantes soluços, e, prostrando-se por terra, exclamou num fortíssimo lamento: "Infeliz de mim! Tiraram-me o meu Deus e agora não tenho a Quem me apegar ou a Quem adorar, nem já sei a Quem invocar!"

Muito emocionados com este acontecimento e também permanecendo ainda nos nossos corações a virtude da última conferência, voltamos à presença do Abade Isaac. Quando o encontramos, dirigimo-nos a ele com estas palavras:

IV
Do nosso retorno à presença do Abade Isaac e da investigação do erro em que caiu o referido ancião

Embora, mesmo sem a novidade do acontecimento de há pouco, o desejo suscitado pela vossa última conferência, sobre a natureza da oração, nos convidasse a recorrer a Vossa Beatitude, pondo tudo o resto de parte, contudo o grave erro do Abade Sarapião, erro esse concebido, segundo julgamos, pela astúcia dos piores demônios, veio acrescentar algo a este desejo. Com efeito, sentimo-nos abatidos por uma grande tristeza ao considerarmos que ele, por culpa desta ignorância, não só tenha perdido totalmente tão grandes trabalhos admiravelmente suportados neste deserto ao longo de cinquenta anos, mas que tenha até corrido o perigo da morte perpétua. De onde proveio ou porque é que um erro tão grave se lhe inoculou, é o que primeiramente desejamos saber. Seguidamente, pedimos para sermos instruídos sobre o modo como podemos chegar àquela qualidade de oração acerca da qual tão copiosa e eloquentemente dissertastes recentemente. Pois a vossa admirável conferência redundou em nós numa viva impressão de espanto, mas não nos mostrou como a poderemos pôr em prática.

V
Resposta acerca da origem da heresia acima mencionada

Isaac: – Não é de admirar que um homem muito simples e que nunca foi devidamente instruído acerca da substância e da natureza da divindade tenha podido ser atingido ou enganado até agora pela culpa da ignorância e pelo hábito de um erro antigo e, para falar com mais clareza, persistir num erro de outros tempos, o qual não é fruto, como pensais, de um artifício recente dos demônios, mas da ignorância do antigo paganismo: assim como, segundo o costume daquele erro, se veneravam os demônios revestidos da forma humana, assim também agora se considera que a incompreensível e inefável majestade do verdadeiro Deus deva ser adorada sob os contornos de alguma imagem, acreditando que nada se tem ou se possui, se, diante de si, não se tiver alguma imagem à qual se possa sempre dirigir na oração, que sempre se traga no pensamento, que sempre se conserve fixa diante dos olhos. A este erro se referem com propriedade aquelas palavras: *Trocaram a glória de Deus incorruptível pela imagem do homem corruptível* (Rm 1,23). E Jeremias diz também: *O meu povo trocou a sua glória por um ídolo* (Jr 2,11).

Embora este erro tenha tido para alguns a origem que referimos, contudo, para muitos que nunca foram manchados pela superstição pagã, ele teve como pretexto aquela palavra: *Façamos o homem à nossa imagem e semelhança* (Gn 1,26), e, como causa, a ignorância e a simplicidade. E assim, desta detestável interpretação emergiu também a heresia dita dos antropomorfistas, a qual assevera com pertinaz perversidade que a infinita e simples substância da divindade está revestida dos nossos traços físicos e da nossa forma humana. Quem quer que tenha sido instruído na fé católica detestará este erro como uma blasfêmia pagã, e assim chegará àquela qualidade puríssima de oração que não só não introduz na sua súplica qualquer representação da divindade ou elementos corpóreos – o dizer-se tal coisa já é crime –, mas nem sequer admite a recordação de qualquer palavra, nem a ideia de uma ação ou qualquer outra representação.

❧ VI ❧
Por que motivos Jesus Cristo se manifesta a cada um de nós ou humilde ou glorioso

Como disse na conferência anterior, é na medida da sua pureza que a alma se eleva ou se forma na oração. Ela tanto mais se afasta da contemplação das coisas terrenas e materiais quanto mais o estado da sua pureza a impelir. Daí que ela contemple Jesus com o olhar interior ou ainda na humildade da carne ou já glorificado e vindo na glória da sua majestade. Com efeito, não poderão ver Jesus vindo na glória do seu reino aqueles que, ainda prisioneiros daquela infirmidade de algum modo judaica, não forem capazes de dizer com o Apóstolo: *Embora tenhamos conhecido a Cristo segundo a carne, agora já não o conhecemos assim* (2Cor 5,16). Somente contemplam a sua divindade com olhos puríssimos aqueles que, elevando-se acima das obras e pensamentos rasteiros e terrenos, com Ele se isolam no monte elevado da solidão, o qual monte, liberto do tumulto de todos os pensamentos e paixões terrenas, separado da mistura confusa de todos os vícios, elevado pela sublimidade da fé e pela eminência das virtudes, revela a glória do rosto de Cristo e a imagem da sua claridade àqueles que são dignos de O contemplar com o olhar puro da alma.

De resto, Jesus também é visionado por aqueles que se detêm nas cidades, vilas ou aldeias, isto é, por aqueles que se dedicam às obras da vida ascética, mas não com a mesma claridade com que se manifesta àqueles que são capazes de com Ele escalar o dito monte das virtudes, como fizeram Pedro, Tiago e João (cf. Mt 17,1). Foi também na solidão que apareceu a Moisés (cf. Ex 3,2) e falou a Elias (cf. 1Rs 19,9ss.).

Querendo Nosso Senhor confirmar isso mesmo e deixar-nos o exemplo de uma pureza perfeita, se bem que, sendo Ele a própria fonte inviolável da santidade, não carecesse da ajuda externa do afastamento e do benefício da solidão para a adquirir (pois não podia a plenitude da pureza manchar-se com nenhuma sordidez das multidões, ou contaminar-se com o convívio humano Aquele que purifica e santifica tudo o que está manchado, *afastou-se para o monte para rezar sozinho* (Mt 14,23), instruindo-nos assim com o exemplo do seu isolamento para que, se quisermos nós também rezar a Deus com um coração puro e íntegro, nos afastemos como Ele da agitação e confusão das multidões, de modo que, vivendo ainda neste corpo, possamos reproduzir, ao menos em parte, a imagem daquela bem-aventurança prometida aos santos na eternidade e para nós *Deus seja tudo em todos* (1Cor 15,28).

~ VII ~
Em que consiste o nosso fim ou a perfeita bem-aventurança

Então se cumprirá em nós a oração que o nosso Salvador dirigiu ao Pai a favor dos seus discípulos: *para que o amor com que Me amaste esteja neles, e eles em Nós* (Jo 17,26), e ainda: *para que todos sejam um, como Tu, Pai, estás em Mim e Eu em Ti, para que também eles sejam um em Nós* (Jo 17,21), quando aquele amor perfeito de Deus, com o qual *Ele nos amou primeiro* (1Jo 4,10), passar também para o afeto do nosso coração, pela realização da oração do Senhor, a qual acreditamos que de modo nenhum pode ser anulada. Isso acontecerá quando todo o nosso amor, todo o nosso desejo, todo o nosso estudo, todo o nosso esforço, todo o nosso pensamento, tudo o que vivemos, falamos ou respiramos for Deus; e, então, aquela unidade do Pai com o Filho e do Filho com o Pai será transfundida no nosso sentimento e no nosso espírito, de modo que, assim como Deus nos ama com uma sincera, pura e indissolúvel caridade, nós também nos unamos a Ele com um perpétuo e inseparável amor: a tal ponto unidos a Ele que o que respiramos, o que compreendemos, o que falamos seja Deus. Assim chegaremos àquele fim que mencionamos já e que o Senhor deseja se realize em nós ao rezar: *para que eles sejam um como Nós somos um, Eu neles e Tu em Mim, para que também eles sejam perfeitos na unidade* (Jo 17,22-23), e de novo: *Pai, aqueles que me deste quero que onde eu estou, eles estejam também comigo* (Jo 17,24).

Este é, portanto, o objetivo do solitário, e nele se deve concentrar todo o seu esforço para que mereça possuir, já nesta vida, a imagem da bem-aventurança futura e de certo modo comece a saborear, no seu corpo mortal, o penhor da vida e da glória do céu. Este é, digo, o termo de toda a perfeição: que a alma a tal ponto se alivie de todo o peso carnal, que cada dia se eleve para as realidades espirituais, até que toda a sua vida e todo o movimento do coração se tornem uma única e contínua oração.

VIII
Interpelação sobre a disciplina da perfeição, através da qual podemos chegar à contínua lembrança de Deus

Germano: — Ao espanto causado pela vossa precedente conferência e por causa do qual aqui viemos, junta-se agora uma ainda maior estupefação. É que, quanto mais nos inflamamos, com o incentivo desta doutrina, no desejo da bem-aventurança perfeita, tanto maior é o nosso desânimo, por não sabermos como procurar e alcançar uma doutrina de tão grande sublimidade.

Neste entrementes, os nossos espíritos estiveram longamente ocupados na solidão das nossas celas, e talvez seja necessário expor-vos de viva voz os nossos pensamentos. Pedimo-vos, pois, que nos escuteis com paciência, embora saibamos que Vossa Beatitude não se ofende com as tolices dos fracos. Além disso, elas devem ser expostas para que seja corrigido o que nelas houver de absurdo.

Eis a nossa opinião.

Em qualquer arte ou disciplina, não se chega à perfeição de uma só vez, antes, os começos são necessariamente muito simples, partindo-se do mais fácil e do menos complicado. Assim alimentado como que por um leite fortificante, o espírito desenvolve-se e eleva-se pouco a pouco e gradualmente das coisas mais baixas às mais altas; uma vez de posse dos princípios mais simples e, de certo modo, franqueada a porta da profissão abraçada, então necessariamente e sem grande esforço acaba por penetrar nos seus segredos e atingir a sua perfeição. Com efeito, como poderá uma criança pronunciar as simples sílabas, se antes não tiver aprendido a conhecer as letras? Ou como conseguirá ler corretamente quem ainda não é capaz de juntar as diversas partes das palavras? Como poderá ter êxito na retórica e na filosofia aquele que não foi suficientemente instruído na gramática?

O mesmo se passa com a sublime ciência que nos ensina a aderir a Deus por meio da união contínua. Ela tem igualmente, estou certo, alguns princípios fundamentais que, uma vez solidamente estabelecidos, são como que o alicerce que suporta o edifício da perfeição e lhe permite atingir as suas magníficas dimensões.

Esses princípios seriam, segundo as nossas humildes conjecturas: o primeiro consiste em saber como encontrar Deus e fazer nascer em nós o seu pensamento; qualquer que seja esse meio, o segundo princípio é saber como podemos conservar-nos aí sem qualquer mudança; e é nessa perseverança que reside – disso não temos a menor dúvida – o cume de toda a perfeição.

Daí o nosso desejo de conhecer uma fórmula que desperte em nós a lembrança de Deus e nos permita conservá-la continuamente. Esforçando-nos por ter essa fórmula sempre presente diante dos olhos, quando nos déssemos conta de a ter deixado escapar, teríamos ao menos para onde dirigir imediatamente o nosso pensamento logo que voltássemos a nós, e poderíamos retomá-la, sem perder tempo em buscas e rodeios penosos.

Com efeito, o que acontece é o seguinte: quando nos evadimos da contemplação espiritual e, depois, como que despertando de um sono mortal, voltamos a nós e, já acordados, procuramos alguma coisa com que possamos ressuscitar a lembrança de Deus que tínhamos perdido, paralisados pela demora da mesma procura, somos arrastados novamente pelo nosso esforço antes de a termos encontrado e, antes que se gere algum olhar espiritual, desvanece-se toda a nossa atenção.

É suficientemente certo para nós que essa confusão acontece porque não temos nada de determinado, como uma fórmula qualquer, que mantenhamos constantemente diante dos olhos, e a que o nosso espírito, depois de muitos desvios e rodeios vários, possa ser reconduzido e, como num porto de paz, entrar, depois de um longo naufrágio. Assim, acontece que a nossa alma, continuamente embaraçada com esta ignorância e dificuldade, sempre errante e como ébria, balança-se em todas as direções. E se, por acaso mais do que por esforço, algum pensamento espiritual vem ao seu encontro, ela é incapaz de o reter por muito tempo e com firmeza. Entretanto, as ideias sucedem-se continuamente umas às outras, e ela não se dá conta nem da sua chegada ou começo, nem do seu termo ou retirada.

IX
Resposta acerca da eficácia do conhecimento adquirido pela experiência

Isaac: — A vossa maneira tão delicada e sutil de fazer a pergunta é indício de que estais muito perto da pureza. Com efeito, não é capaz sequer de fazer perguntas sobre este tema — já não digo de o investigar e discernir — senão aquele a quem uma meditação atenta e profunda e uma solicitude sempre vigilante tiverem preparado para perscrutar a profundidade destes problemas, e aquele a quem o constante esforço de uma vida mortificada fizer, pela experiência ativa, aproximar-se do limiar da pureza e bater-lhe à porta. E assim, quanto vos observo, não direi que estejais à porta daquela verdadeira oração de que falamos, mas sim que, de certo modo, com as próprias mãos da experiência, já apalpais os seus segredos íntimos e tocais parcialmente a realidade. E creio que nem eu terei de me esforçar muito, tendo a Deus por guia, para vos introduzir no santuário, a vós que, de certo modo, já deambulais no seu átrio, nem vós sereis impedidos por qualquer obstáculo de penetrar com a vista as coisas que tenho para vos mostrar. Com efeito, está muito perto do conhecimento aquele que sabe o que prudentemente deve investigar, e não está longe da ciência aquele que se dá conta daquilo que ignora. Por isso, não receio incorrer na censura de indiscrição ou de ligeireza, se vos falo agora abertamente daquelas coisas que, no nosso anterior diálogo, dissertando sobre a perfeição da oração, tinha subtraído ao debate. No estado em que presentemente vos encontrais nesta prática e estudo, penso que, mesmo sem a intervenção da minha palavra, a graça de Deus já vo-las revelou.

~ X ~
Acerca do método da oração contínua

Fostes muito clarividente ao comparar a disciplina da oração contínua com a instrução das crianças. Estas não podem captar logo o primeiro ensino do alfabeto, nem são capazes de distinguir os diversos contornos das letras ou traçá-las com mão segura e firme; mas, primeiramente, tendo diante dos olhos modelos cuidadosamente gravados em cera, por uma contemplação constante e uma imitação quotidiana, habituam-se a reproduzi-los. O mesmo se passa com a contemplação espiritual. Também dela tem que vos ser dado um modelo. Conservando o vosso olhar obstinadamente fixo nele, vós aprendereis a revolvê-lo sem cessar no vosso espírito, e isso ser-vos-á salutar, ou então, servindo-vos dele e meditando-o, podereis elevar-vos a vistas mais sublimes.

Este modelo de disciplina e de oração que procurais e vos é proposto, todo o monge que tem em vista a lembrança contínua de Deus deve acostumar-se a meditá-lo sem cessar e, para isso, expulsar todos os outros pensamentos; pois não poderá retê-lo, se não se tiver libertado de todos os cuidados e preocupações corporais. Esse modelo ou fórmula, assim como nos foi transmitida pelos poucos sobreviventes dos Padres mais antigos, também nós só a confiamos a um pequeno número de almas verdadeiramente sequiosas de a conhecer. Portanto, para possuir a lembrança contínua de Deus, ser-vos-á proposta como inseparável esta fórmula de piedade: *Ó Deus, vinde em meu auxílio; Senhor, apressai-vos a socorrer-me* (Sl 69,2).

Não é sem razão que este versículo foi particularmente escolhido de todo o corpo das Escrituras. Ele abrange todos os sentimentos que podem ser atribuídos à natureza humana e adapta-se com muita propriedade e conveniência a qualquer situação e a todas as tentações. Nele se encontra o apelo a Deus contra todos os perigos, a humildade de uma piedosa confissão, a vigilância de um temor solícito e contínuo, a consideração da própria fragilidade, a confiança de ser atendido, a certeza de um socorro sempre presente e em toda a parte, pois quem continuamente invoca o seu protetor está seguro de o ter sempre perto de si. Ele contém a chama do amor e da caridade, a consciência das insídias e o receio dos inimigos por parte de quem, vendo-se dia e noite cercado, reconhece não poder salvar-se sem o socorro do seu defensor. Para os que são assediados pelos ataques dos demônios, este versículo é uma muralha inexpugnável, uma couraça impenetrável, o escudo mais sólido. Aos atingidos pelo desgosto, pela ansiedade ou pela tristeza de espírito e aos deprimidos por quaisquer pensamentos, ele não permite desesperar da salvação, pois faz-lhes compreender que Aquele que invocam observa continuamente os nossos combates e não se alheia das suas súplicas. Ele adverte-nos que, na hora dos êxitos espirituais e da alegria de coração, não nos devemos orgulhar nem envaidecer com uma felicidade que ele mesmo afirma não poder ser conservada sem a proteção de Deus, visto que Lhe implora para ser ajudado não só sempre, mas também prontamente. Resumindo, direi que este versículo é útil e necessário para todos nós, qualquer que seja a situação de cada um. De fato, quem sempre e em tudo deseja ser ajudado, confessa claramente que precisa do socorro divino tanto nas coisas desagradáveis e tristes como nas favoráveis e alegres: só Deus nos arranca àquelas e só Ele nos faz permanecer nestas. Num e noutro caso, a fragilidade humana não resiste sem o seu socorro.

Sou assediado pela gula; imagino iguarias que o deserto ignora; na aridez da solidão apresentam-se-me odores de pratos próprios da mesa dos reis e, contrafeito, sinto-me arrastado pelo desejo de saboreá-los. Por isso devo dizer: "Ó Deus, vinde em meu auxílio; Senhor, apressai-vos a socorrer-me!"

Sou tentado a antecipar a hora estabelecida da refeição, ou tenho de lutar, no meio de grande sofrimento interior, para guardar a moderação exigida por uma justa e habitual sobriedade. Então, devo exclamar com um gemido: "Ó Deus, vinde em meu auxílio; Senhor, apressai-vos a socorrer-me!"

Perante as arremetidas da carne, tenho necessidade de jejuns mais severos; mas a fadiga do estômago impede-me ou a enterite desaconselha-me. Para que me seja dado levar por diante esses jejuns ou, então, para que os ardores da concupiscência se acalmem sem o paliativo de um jejum mais rigoroso, tenho de rezar: "Ó Deus, vinde em meu auxílio; Senhor, apressai-vos a socorrer-me!"

Chegou a hora regular da refeição, mas o pão causa-me fastio e vejo-me impossibilitado de satisfazer as exigências da natureza. Com um lamento hei de exclamar: "Ó Deus, vinde em meu auxílio; Senhor, apressai-vos a socorrer-me!"

Quero aplicar-me à leitura para prender o pensamento, mas uma dor de cabeça impede-me; à hora de tércia, o sono projeta-me a cabeça contra a página sagrada e sou compelido a ultrapassar o tempo destinado ao descanso ou a antecipá-lo; finalmente, na recitação do ofício divino, a pressão do sono é tal que me obriga a cortar a cadência dos salmos. Igualmente hei de exclamar: "Ó Deus, vinde em meu auxílio; Senhor, apressai-vos a socorrer-me!"

Os meus olhos não conciliam o sono; muitas noites, vejo-me assediado por insônias diabólicas e não consigo dar às minhas pálpebras o necessário descanso da noite. Suspirando, hei de dizer: "Ó Deus, vinde em meu auxílio; Senhor, apressai-vos a socorrer-me!"

Ainda envolvido na luta contra os vícios, de repente as palpitações da carne irrompem e, sonolento, tentam levar-me ao consentimento. Para impedir que o fogo ateado pelo inimigo queime as perfumadas e delicadas flores da castidade, hei de gritar: "Ó Deus, vinde em meu auxílio; Senhor, apressai-vos a socorrer-me!"

Sinto acalmados os aguilhões da sensualidade e arrefecidos em meus membros os ardores da carne. Para que esta virtude alcançada, ou antes esta graça de Deus, perdure em mim por muito tempo ou para sempre, direi: "Ó Deus, vinde em meu auxílio; Senhor, apressai-vos a socorrer-me!"

Os acicates da cólera, da cobiça, da tristeza perturbam-me e sinto-me coagido a abandonar a brandura que me propusera como ideal amado. Para que a perturbação da cólera não me conduza ao azedume e ao fel, hei de clamar num profundo gemido: "Ó Deus, vinde em meu auxílio; Senhor, apressai-vos a socorrer-me!"

Sou tentado pela exaltação da acedia, da vanglória, do orgulho, e a mente sente-se secreta e sutilmente lisonjeada com a negligência e tibieza alheia. Para que não prevaleça em mim esta perniciosa sugestão do inimigo, de coração profundamente contrito rezarei: "Ó Deus, vinde em meu auxílio; Senhor, apressai-vos a socorrer-me!"

Alcancei a graça da humildade e da simplicidade após ter arrancado, com uma contínua compunção de coração, o tumor da soberba. *Para que* de novo *não me alcancem os pés aos soberbos, nem me remova a mão ao pecador* (Sl 35,12), e não seja ferido mais gravemente pela exaltação da minha vitória, hei de clamar com todas as minhas forças: "Ó Deus, vinde em meu auxílio; Senhor, apressai-vos a socorrer-me!"

Sou agitado por inúmeras e variadas divagações do espírito e pela instabilidade do coração, e não consigo refrear a dispersão dos pensamentos. Não sou capaz de fazer a minha oração sem ser assaltado pela representação de imagens vãs, pela recordação de conversas tidas ou ouvidas, de coisas que fiz ou vi fazer. A aridez da esterilidade em que me sinto é tal que sou absolutamente incapaz de gerar qualquer pensamento espiritual. Para merecer ser libertado desta desolação, donde não consigo sair nem com lágrimas nem com suspiros, forçosamente gritarei: "Ó Deus, vinde em meu auxílio; Senhor, apressai-vos a socorrer-me!"

Com inefável alegria e êxtase de espírito sinto ter encontrado de novo, pela visita do Espírito Santo, o rumo da minha alma, a estabilidade dos pensamentos, o entusiasmo do coração. E compreendi também que a revelação dos segredos mais sagrados, antes profundamente ocultos para mim, redundou, por uma iluminação do Senhor, numa exuberante fonte de pensamentos espirituais. Para merecer permanecer por muito tempo nesta luz, hei de clamar solícita e frequentemente: "Ó Deus, vinde em meu auxílio; Senhor, apressai-vos a socorrer-me!"

Sou atormentado com terrores noturnos de demônios que me cercam e sou perturbado com imagens de espíritos imundos; no auge da perturbação esvai-se-me toda a esperança de salvação e de vida. Refugiando-me no porto feliz deste versículo, exclamarei com todas as forças: "Ó Deus, vinde em meu auxílio; Senhor, apressai-vos a socorrer-me!"

Quando de novo eu for restabelecido pela consolação do Senhor e, reanimado pela sua vinda, me sentir como que rodeado de milhares de anjos, então, aqueles mesmos que eu antes temia mais do que a morte e cujo contato ou até a simples aproximação bastava para me regelar de horror a alma e o corpo, subitamente ousarei desafiá-los para um frente a frente e a provocá-los para o combate. Para que, por graça de Deus, permaneça em mim por muito tempo esta constância e vigor sobrenatural, hei de gritar com todas as forças: "Ó Deus, vinde em meu auxílio; Senhor, apressai-vos a socorrer-me!"

Portanto, este versículo deve ser rezado incessante e continuamente: na adversidade, para dela sermos libertados; na prosperidade, para nela nos conservarmos e não cairmos no orgulho. Sim, que a meditação deste versículo se revolva ininterruptamente no teu coração. Ocupado em qualquer trabalho ou ofício ou em viagem, não cesses de o repetir. Dormindo, comendo ou descansando, ou noutras circunstâncias impostas pela natureza, medita-o. Este revolver do coração tornar-se-á para ti uma fórmula de salvação que não só te guardará ileso de qualquer investida dos demônios, mas também, purificando-te de todos os vícios e do contágio terreno, te conduzirá à contemplação das coisas celestes e invisíveis e àquele ardor inefável de oração experimentado por poucos. Que o sono te surpreenda a meditar este versículo, até que, modelado pela sua meditação incessante, te habitues a repeti-lo mesmo durante o sono. Que ele seja o primeiro pensamento a ocorrer-te ao acordares e, uma vez desperto, tenha a primazia sobre todos os outros; que ele, ao saíres do leito, te leve a dobrar os joelhos e, depois, te acompanhe em todos os trabalhos e ações, sem nunca te abandonar. Meditá-lo-ás segundo o preceito do Legislador, *sentado em casa ou andando pelo caminho* (Dt 6,7), dormindo ou levantando-te. Escrevê-lo-ás no limiar e na porta da tua boca, colocá-lo-ás nas paredes da tua casa e no santuário do teu coração, de modo que, ao inclinares-te para rezar, ele seja o estribilho que se recita inclinado, e, ao endireitares-te e ao caminhares para executares todas as atividades necessárias da vida, ele se torne a oração contínua recitada de pé.

～ XI ～
Da perfeição da oração, à qual conduz o método mencionado

Sim, que a alma retenha incessantemente esta fórmula, até que, fortalecida pela sua repetição constante e meditação contínua, venha a rejeitar e a recusar as riquezas e os abundantes bens de toda a espécie de pensamentos e, assim exercitada pela pobreza deste versículo, chegue, por um declive fácil, àquela bem-aventurança evangélica que detém a primazia entre todas as outras: *Bem-aventurados os pobres em espírito, porque deles é o reino dos céus* (Mt 5,3). Deste modo, quem se tornar pobre eminente por meio de uma pobreza assim, realizará o dito profético: *O pobre e o indigente louvarão o nome do Senhor* (Sl 73,21). De fato, haverá pobreza maior ou mais santa do que a daquele que, sabendo-se desprovido de toda a segurança e de todas as forças, implora da liberalidade alheia o auxílio quotidiano, e, compreendendo que a sua vida e todo o seu ser são sustentados a cada instante pela assistência divina, se confessa, não sem razão, verdadeiro mendigo de Deus, clamando todos os dias com voz suplicante: *Eu, porém, sou mendigo e pobre; mas Deus ajuda-me?* (Sl 39,18 LXX). Além disso, elevando-se, por iluminação do próprio Deus, à contemplação da multiforme ciência divina, começará então a saciar-se com os mistérios mais sublimes e ocultos, segundo o que diz o profeta: *Os altos montes são para os veados, e o rochedo é um refúgio para os ouriços-cacheiros* (Sl 103,18).

Este texto está perfeitamente de acordo com a ideia que exprimimos, visto que, aquele que persevera na simplicidade e na inocência não prejudica nem molesta ninguém, antes, satisfeito com a sua simplicidade, nada mais deseja senão esconder-se da rapina dos que lhe armam ciladas; tornado como que um ouriço espiritual, encontra abrigo e proteção sob aquele rochedo de que fala o Evangelho, isto é, protegido pela lembrança da paixão do Senhor e pela meditação incessante daquele versículo, furta-se a todas as emboscadas e ataques do inimigo. E acerca destes ouriços espirituais que se diz no livro dos Provérbios: *os ouriços-cacheiros, espécie fraca, que fazem a sua habitação nos rochedos* (Pr 30,26). Na verdade, que há de mais fraco do que o cristão, o que há de mais débil do que o monge, a quem não só não assiste o direito a qualquer reivindicação das injúrias, mas nem sequer lhe é permitido conceber a mais leve e muda comoção, ainda que só interiormente?

Quem quer que, tendo chegado a este estado, continua a progredir, não só possui a simplicidade da inocência, mas, fortalecido com a virtude da discrição, torna-se também exterminador das serpentes venenosas, mantendo satanás subjugado sob os seus pés, e, pela vivacidade da alma, torna-se semelhante a um veado espiritual que pasta nas montanhas dos profetas e dos apóstolos, isto é, que se sacia com os seus sublimes e misteriosos ensinamentos. Vivificado por este pascigo inesgotável, a tal ponto se impregna de todos os sentimentos expressos nos salmos, que começa a recitá-los não já como tendo sido compostos pelo profeta, mas como se eles fossem da sua própria autoria, como uma oração pessoal, com profunda compunção de coração; ou, pelo menos, considera que eles foram compostos expressamente para si e reconhece que aquilo que eles exprimem não se realizou somente outrora na pessoa do profeta, mas que é atual e se concretiza todos os dias em si mesmo. Com efeito, as divinas Escrituras revelam-se-nos mais claramente, e as suas veias e medula como que se desentranham, visto que a nossa experiência não somente toma conhecimento delas, mas precede esse mesmo conhecimento, e visto que o sentido das palavras se nos abre não através de uma explicação, mas através das experiências vividas. Na verdade, penetrados do mesmo sentimento com que cada salmo foi cantado ou composto, nós, como que tornados seus autores, mais do que seguir-lhe o sentido, antecipamo-nos a ele, e, como que captando o sentido das palavras antes de as conhecer, recordamos, para assim dizer, com a subsequente meditação delas, aquilo que em nós aconteceu ou acontece por ação dos quotidianos assaltos, e, salmodiando, recordamo-nos daquilo que a nossa negligência nos tenha gerado, ou a nossa diligência tenha conseguido, ou a providência divina tenha oferecido, ou a instigação do inimigo tenha defraudado, ou o escorregadio e sutil esquecimento tenha subtraído, ou a humana fraqueza tenha suscitado, ou a ignorância imprevidente tenha dissimulado. De fato, encontramos todos estes sentimentos expressos nos salmos; mas, porque as coisas que nos são ditas, nós as vemos mais claramente, como que num espelho puríssimo, temos delas um conhecimento mais profundo. Instruídos pelo que nós mesmos sentimos, já não se trata para nós de coisas que conhecemos por ter ouvido, mas de coisas cuja realidade nós, para assim dizer, tocamos, por as ter compreendido profundamente; elas não produzem em nós o efeito de coisas confiadas à nossa memória, mas nós é que as geramos do fundo do nosso coração, como sentimentos naturais que fazem parte do nosso ser; não é a leitura que nos faz penetrar o sentido das palavras, mas a nossa própria experiência adquirida.

E assim a nossa alma chegará àquela pureza de oração, à qual, na anterior conferência, a nossa dissertação tentou subir, na medida em que o Senhor se dignou permitir. Esta oração não se prende com a consideração de qualquer imagem, nem se caracteriza pelo acompanhamento de qualquer som ou de palavras, mas manifesta-se por uma tensão ardente da alma, por um transbordar inefável do coração, por um entusiasmo insaciável do espírito: arrebatada para fora de todos os sentidos e de tudo o que é material, a alma derrama-a com gemidos inenarráveis e com suspiros em direção a Deus.

࿇ XII ࿇
Pergunta: Como se conservam imutáveis os pensamentos espirituais?

Germano: – Não só expusestes a doutrina desta disciplina espiritual, como tínhamos pedido, mas julgamos terdes também exposto a própria perfeição da mesma de modo claro e luminoso. Pois, que pode haver de mais perfeito ou de mais sublime do que alcançar a lembrança de Deus por um caminho tão curto, do que transpor todas as fronteiras do visível pela meditação de um único versículo, do que abarcar com algumas breves palavras todos os sentimentos que a oração pode exprimir? Por isso, resta ainda uma coisa que pedimos nos seja explicada: Como é que podemos reter permanentemente no espírito este mesmo versículo que nos deste como fórmula, de modo que, libertados pela graça de Deus das inépcias dos pensamentos mundanos, retenhamos imutavelmente os espirituais.

~ XIII ~
Acerca da mobilidade dos pensamentos

Com efeito, quando o nosso espírito acolhe a passagem de um salmo para meditar, esta insensivelmente se lhe subtrai, e ele, sem se dar conta e como que entorpecido, desliza para outro texto da Escritura. Quando começa a revolver e a meditar este último, ainda antes de o ter considerado devidamente, surge a lembrança de outro texto que expulsa o anterior. Entretanto, insinua-se outro texto e verifica-se nova mudança. Deste modo, a alma, rolando de salmo em salmo, saltando de um texto do Evangelho para outro do Apóstolo, daqui lançando-se para os profetas e daí voltando-se para algumas histórias espirituais, sempre instável e vagabunda, balança-se de um lado para o outro através de todo o corpo das Escrituras, impotente para, por decisão própria, rejeitar ou reter o que quer que seja, ou para, com plena consciência e vontade, levar algo até ao fim, mais não fazendo do que tocar e provar ao de leve os sentidos espirituais, sem deles tirar qualquer fruto ou sem se apropriar verdadeiramente de nenhum. Sempre em movimento e vagabunda, também durante o ofício divino a alma, como que tomada de embriaguez, se distrai com diversas coisas. Por exemplo: quando ora, vem-lhe à memória um salmo ou algum texto; quando canta, pensa noutra coisa que nada tem a ver com o conteúdo do salmo; quando proclama uma leitura, lembra-se de algo que deve fazer ou que queria ter feito. Deste modo, a alma, não acolhendo nem repelindo nada disciplinada e oportunamente, parece agir por impulsos fortuitos, sem ter capacidade para reter as coisas em que se compraz ou para nelas se deter.

Por conseguinte, é necessário, antes de tudo o mais, aprendermos como podemos cumprir convenientemente estas obrigações espirituais, ou, pelo menos, como podemos conservar invariavelmente presente no nosso espírito o versículo que nos deste como fórmula, a fim de que os nossos pensamentos não flutuem, aparecendo e desaparecendo ao sabor da sua volubilidade, mas se mantenham sob o nosso domínio.

XIV
Resposta: Como se adquire a estabilidade do coração ou dos pensamentos

Isaac: – Embora isso tenha sido já suficientemente exposto, segundo julgo, na conversa que tivemos anteriormente acerca do estado de oração, contudo, porque pedis que volte ao mesmo assunto, direi brevemente algo sobre a estabilidade do coração.

São três as coisas que tornam estável um espírito dissipado: as vigílias, a meditação e a oração. A assiduidade e a contínua aplicação a estes três exercícios é que dão à alma uma firmeza estável. Esta firmeza, porém, de modo algum poderá ser alcançada a não ser que antes tenham sido absolutamente banidas todas as inquietações e cuidados da vida presente por meio de um trabalho contínuo, não motivado pelo lucro, mas por causa das necessidades sagradas do mosteiro, de modo que possamos cumprir o preceito do Apóstolo: *Orai sem cessar* (1Ts 5,17).

Muito pouco reza quem tem o hábito de rezar só quando se põe de joelhos; mas nunca reza quem, mesmo ajoelhado, se deixa arrastar pelas divagações do coração. Por isso, aquilo que queremos ser como orantes, devemo-lo ser já antes do tempo destinado à oração. Pois, necessariamente, as disposições da alma, durante a oração, dependem do seu estado anterior, e ela ou se eleva para as coisas celestes ou mergulha nas terrenas em conformidade com os pensamentos em que se detém antes da oração.

Até aqui, a segunda conferência que o Abade Isaac proferiu perante nós, atônitos, sobre a oração.

Como ficamos muito admirados com a sua doutrina acerca da meditação do sobredito versículo – doutrina que ele transmitira como devendo ser retida pelos principiantes como norma para a sua formação – e desejando nós pô-la em prática persistentemente, pois a julgávamos breve e fácil, a experiência mostrou-nos que ela é bastante mais difícil de observar do que aquela nossa prática anterior que consistia em passar constantemente de um texto para outro através de todo o corpo das Escrituras, numa meditação instável, sem nos prendermos com os laços da perseverança a nenhum.

Fica, por conseguinte, claro que ninguém, absolutamente ninguém, é excluído da perfeição por falta de erudição, e que uma educação menos culta ou mais rude não é prejudicial à aquisição da pureza de coração e da alma. Essa pureza está muito próxima e ao alcance de todos, contanto que, pela meditação deste versículo, conservem a atenção pura e íntegra do espírito voltada para Deus.

Referências

CAPPUYNS, M. Cassien. In: *Dictionnaire d'Histoire et de Géographie Ecclésiastique* [s.n.t.], 11, p. 1.319-1.348.

CHADWICK, O. *John Cassian*: a study in primitive monasticism. 2. ed. Cambridge: Cambridge University Press, 1968.

GUY, J.-C. *Jean Cassien*: vie et doctrine spirituelle. Paris: Lethielleux, 1961.

OLPHE-GALLIARD, M. Cassien. In: *Dictionnaire de Spiritualité*. Paris: Beauchesne, 2, p. 214-276.

STEWART, C. *Cassian the Monk*. Nova York: Oxford University Press, 1998.

Clássicos da Espiritualidade

Confira outros títulos da coleção em

livrariavozes.com.br/colecoes/classicos-da-espiritualidade

ou pelo Qr Code